기다리던 책이 나왔다! 나는 저자와 장애와 통증이라는 공통분모 덕분에 친해졌는데, 저자는 뇌성마비 장애인이고, 나는 병 때문에 장애를 얻었기 때문이다. 이 책은 저자가 자신의 장애를 소재로 쓴 책이지만, '장애 극복 성공 신화'가 아니고, 그렇기에 눈물과 감사와 은혜(?)가 넘치는 책은 더욱 아니다. 오히려 조금 다른 몸으로 같은 시대를 살아가는 한 이웃의 이야기다. 저자는 하나님이 주신 몸 때문이 아니라 그 몸을 비하하고 모욕하는 사회와 거기에 휘둘리는 자기 자신으로 인해 고통스러웠던 사례들을 유쾌하고 발랄하게, 때로는 도발적인 언어로 풀어낸다. 저자의 글에는 하나님이 저자의 몸과 경험을 온전히 사랑하신다는 자신감이 배어 있다. 독자들은 이 책을 통해, 장애 유무와 상관없이 서로 다른 사람들이 함께 살아갈 때 필요한 자질은 무엇보다 '상대방의 이야기에 귀 기울이는 것'임을 깨닫게 될 것이다.

김경아 진로와소명연구소 성교육 팀장, 『성을 알면 달라지는 것들』 저자

장애인이 비장애인과 다름없이 미래를 꿈꾸며 일상의 삶을 살아가는 것, 이는 당연한 이야기이지만 현실은 그렇지 못하다. 태어나고, 학교 다니고, 외출하고, 노동하고, 사랑하고, 결혼하는 것까지…. 대부분의 사람에게는 당연한 일이지만, 장애인에게는 어렵고 심지어 어떤 일은 투쟁을 통해 쟁취해야 한다. 사람이라면 누구나 인권을 보장받아야 하지만, 장애인이 보통 사람처럼 살아가기 어려운 것은 불편한 진실이다. 이 책은 바로 이러한 당위와 현실 사이의 간극을 타개하기 위한 노력의 산물이다. 저자는 태어나 현재까지, 대한민국에서 장애여성으로 살아가는 일상을 이야기한다. 시종일관 유머러스함을 잃지 않으면서도 묵직한 질문을 던지는 이 책을 통해 사회적 소수자를 공감하는 감수성을 기를 수 있기를 바란다.

박종운 변호사, 대한법률구조공단 사무총장, 전 장애인차별금지추진연대 법제정위원장

'공유될 가치가 있는 개인사'에는 어떤 덕목이 필요할까? 모든 이야기가 반드시 공적 가치를 지녀야 하는 것은 아니지만, 기독교 사회윤리를 전공해서인지 나는 누군가의 이야기를 읽으면 공감하기보다 우선 가치를 판단하곤 한다. 이것이 반드시 바람직한 읽기 방식은 아닐 것이다. 하지만 적어도 박은영 작가의 『소란스러운 동거』는 나에게 공감과 공적 가치라는 두 측면에서 추천의 이유를 충분히 제공했다.

　박은영 작가를 반짝반짝 빛나는 눈과 날카롭고 지성적인 질문거리를 가진 제자로 만난 기억이 또렷하다. 그녀의 장애는 삶에 불편을 주었겠으나, 지적 열망과 호기심을 막아설 만큼은 아니었다. 주변을 온통 소란하게 하며 태어난 '소동이'로서의 탄생부터 현재까지, 그녀의 생애사는 너무나 생생하게 다가왔다. "아, 그래서!" 딱 한 학기뿐이었던 '존재의 겹침' 이전과 이후를 이 책 덕분에 오롯이 이해하며 공감할 수 있었다. 그러나 사적 공감을 넘어, 작가는 "장애는 몸에 고정된 어떤 실체가 아니라, 사회가 만드는 관계에 따라 생기기도 하고 없어지기도 한다"는 주장을 던진다. 만약 당신이 '하필' 장애를 가지고 있지 않다(고 생각한다)면, 그래서 살면서 지금까지 사회가 만든 관계와 지형에서 불편함을 느껴 보지 못했다면, 이 책을 꼭 읽기를 추천한다. 우리가 공동체로서 온전해지기 위한 첫걸음이기 때문이다. "질문의 방향을 바꿔 온 장애인들"의 새로운 시선과 경험과 제안이 풍성하게, 그리고 절실하게 담겨 있는 책이다.

백소영 강남대학교 기독교학과 교수, 『페미니즘과 기독교의 맥락들』 저자

장애와 질병, 통증과 일상, 정상과 비정상의 '경계'를 넘나드는 이야기가 가득하다. 경계는 안과 밖 나와 타자를 구분하는 긴장의 선이고, 그야말로 경계심을 일으키는 장소다. 저자는 경계인으로서 아슬하고 유쾌하게 안착한다. 특정한 몸을 표준이자 정상으로 구획하고, 그 이외의 몸은 표준의 몸을 선망해야 한다고 강요하는 건강한 비장애인 중심 사회에서 그는 때로는 적응하고 때로는 새로운 길을 내며 빈틈을 만든다. 우리는 그 빈틈을 통해 '정상성'의 감각을 새롭게 만나게 된다. 장애와 질병에 대한 질문의 방향을 바꾸는 이 책은 장애나 질병과 함께 살고 있는 시민과 동료 시민으로 연결되고 싶은 이들을 위한 책이다.

조한진희(반다) '다른몸들' 활동가, 『아파도 미안하지 않습니다』 저자

소란스러운 동거

IVP(InterVarsity Press)는
캠퍼스와 세상 속의 하나님 나라 운동을 지향하는
IVF(InterVarsity Christian Fellowship)의 출판부로
생각하는 그리스도인을 위한 문서 운동을 실천합니다.

박은영

소란스러운 동거

장애와 비장애의
벽을 허무는
'사이'의 이야기

Ivp

차례

들어가며_ 질문을 바꿔 보겠습니다   10

1부   다른 몸의 골목쟁이

1. 인생은 아이러니 — 고정관념   23
2. 소란스럽게 온 아이 — 가족   30
3. 아이들은 골목에서 만난다 — 동네   40
4. 무성한 숲길을 헤쳐 나가는 법 — 학교   46
5. We are here for you — 사회   55

2부   좌충우돌하며 평범하게

6. 지문이 된 시간 — 연결   71
7. 당연함의 재구성 — 성장   84
8. 매뉴얼 없이 살아남기 — 차별   92
9. 그냥 평범했던 햇살 — 공존   106
10. 이야기에 귀를 기울이면 — 자유   117
11. 그와 함께 만드는 이야기 — 신앙   124

3부   오롯이, 함께 살기

    12. 증명을 넘어 — 취업   139
    13. 난 당신이 필요해요 — 교회   149
    14. 좋아하는 색은 보라색 — 장애여성   162
    15. 서로 살림의 기쁨 — 독립   175
    16. 무지개를 함께 이는 사람들 — 연대   189

4부   잘 아플 권리를 위하여

    17. 설마 나랑 살러 왔니? — 통증   203
    18. 이것도 노동이다 — 노동   217
    19. 서로 돌보는 동료 시민 — 의료   226
    20. 우리 함께 아플까요? — 질병   242

    나가며_ 오늘도 소란스럽게 당신과 함께   251
    주   255

들어가며
질문을 바꿔 보겠습니다

운이 좋은 비정상인

두세 살 무렵 뇌성마비 3급 판정을 받았다. 나는 뇌성마비 장애인 중에서는 장애 정도가 경미한 편이다. 장애의 영향이 전신에 미치긴 하나, 일상생활에 제약이 많지 않다. 학교나 집, 직장, 길거리 등 비장애인들에게 맞춰진 공간에서도 그럭저럭 지낼 수 있는 정도의 몸이라는 뜻이다. 어릴 때부터 비장애인들과 같은 공간에서도 그럭저럭 생활할 수 있게 해 준 내 몸의 기능은, 불안한 걸음으로나마 계단을 오르내릴 수 있는 보행 기능과 세밀한 동작은 어렵지만 숟가락질 정도는 어렵지 않게 할 수 있는 손 기능 정도다.

단지 그뿐이었지만, 많은 사람들이 나에게 운이 좋다고 했다. 내 곁의 수많은 비장애인들은 일상적인 공간에서 불편을 느끼고 느리게 행동하는 나를 '몸이 불편한 사람'이라고 불렀다. 하지만 동시에 그들은 '장애가 심하지 않은' '좋은 부모님을 만난' 무엇보다 '주변 사람들이 항상 잘 도와주는' 나는 '운이 좋은 사람'이라고 했다.

어떤 부분에서는 운이 좋았을지도 모르지만, 그렇다고 살면서 편하기만 했던 것은 아니다. 비장애인에게 맞춰진 온갖 공간과 활동에 내 몸을 끼워 맞추기 위해 불편을 감수해야 했기 때문이다. 휠체어를 사용하지 않으므로 저상버스가 아닌 버스에도 탈 수 있지만, 흔들리는 버스 안에서 균형을 잡기가 어렵기 때문에 버스에 오르자마자 재빨리 의자나 손잡이를 선점해야 한다. 손에 떨림이 있는 내게 종이컵에 담아 건네는 뜨거운 커피는 적당히 예의를 가장해 거절해야 할 것이자, 그림의 떡과 같다. 나만의 '특이한' 필요를 숨기기 위해 재빨리 능청스러운 표정을 짓는 기술을 연마하고 발휘하면서, 나는 그럭저럭 30년 넘게 비장애인들 틈에 숨어 지내 왔다.

가끔 사람들은 내게 왜 특수학교가 아닌 일반 학교에 다니느냐고 물었다. 장애인과 비장애인이 함께 있으면 서로 불편하지 않느냐고도 물었다. 왜 굳이 비장애인들 같은 삶을 똑같이 살려 하느냐는 질문도 종종 받았다. 나는 그저 학교에 가고 취직하고 놀러 다니는 일상을 살 뿐인데, 굳이 그 이유를 묻는 사람들이 이상했다. 성인이 되고도 한참이 지난 후에야, 이 사회에는 질문하는 사람과 질문 받는 사람이 따로 정해져 있음을 알게 되었다.

질문의 방향을 바꾸는 사람들

대중교통을 이용해 원하는 곳에 갈 권리, 가족들과 함께 집에 살 권리, 적절한 교육을 받을 권리, 타인과 자유롭게 의사소통할 권리, 사랑하고 연애하고 가정을 꾸릴 권리, 노동해서 생계를 유지할 권리…. 비장애인들은 굳이 '권리'라는 말을 붙이지도 않을 기본 권리다. 이 권리가 지켜지지 않는 사회를 상상하면 아찔해지지 않는가? 그만큼 사람의 존엄이 지켜지기 위한 최소한의 필수 권리이기 때문이다.

장애인들은 지하철 승강장에 줄만 서도 사람들의 시선을 산다. 그 시선은 이렇게 묻는 듯하다. '왜 장애인이 대중교통을 이용하지?' 그 외에도 '장애인이 어떻게 일을 하냐'는 둥, '장애인도 연애를 하냐'는 둥, 비장애인들은 한 번도 받지 않을 질문 세례를 오랫동안 받아 왔다. 사회가 '정상'이라고 정한 몸을 가지지 않았다는 이유만으로, 왜 인권과 일상을 보장받아야 하냐는 이상한 질문을 매번 받아 온 것이다.

서른이 되던 해 가을, 나는 열 명 남짓한 장애여성들의 모임을 만났다. 거기서 장애학·장애여성학에 관한 글을 읽고 우리의 몸과 일상에 대해 이야기했다. 우리의 몸은 서로 많이 달랐지만, '표준'이 아니면서 남성이 아닌 몸으로 경험했던 차별은 비슷했다. 우리는 서로 다른 몸에 대해, 서로 공유하는 차별 경험에 대해, 그리고 이 세상에 공존하는 셀 수 없이 다양한 몸들에게 세상이 얼마나 불공정한지에 대해 시간 가는 줄 모르고 수다를 떨곤 했다.

장애여성들과 함께 있는 공간에서 그동안 말이나 글로 표현할 수 없었던 나의 경험과 감정이 언어로 표현되기 시작했다. 그들은 내가 받은 질문들과 내가 겪은 크고 작은 모욕이 내 탓이 아니라 세상의 차별과 부정의 때문임을 알려 주었다. 무엇보다, 질문을 받기만 했던 우리도 사실은 세상에 질문할 권리가 있는 시민임을 깨닫게 해 주었다.

장애여성들을 만난 이후로 나는 세상에 항상 있어 온 다양한 몸들을 만났다. 세상에는 건널목 신호등에 박힌 것 같은 일정한 몸만 있지 않음을, 그 반대로 수백수천 가지의 다채로운 몸과 삶이 있음을 눈으로 보고 귀로 들으며 그 찬란함에 매료되었다. 다양한 몸들이 꿈꾸는 세상과 그들이 던지는 질문도 그만큼 다양했다. 그들의 질문은, 기껏해야 '왜 정상이 아니냐'는 판에 박힌 질문만 반복하던 '정상인'들의 질문과는 전혀 달랐다.

장애인 시민들은 가는 길을 막고 주위를 둘러싸는 물음표를 모아, 비장애인들에게 되돌려 주었다. 왜 버스와 지하철은 두 발로 이동하는 시민들만 이용할 수 있게 설계되었는지, 헌법에 명시된 노동의 권리와 의무에서 장애인들이 배제되는 이유가 무엇인지, 장애인들은 의무교육조차 받기 어려운 사회가 정말 민주사회가 맞는지 말이다.

쏟아지는 질문 세례에 적절한 답을 찾지 못해 헤매던 내게, 동료 장애인들은 무례한 사람에겐 대답보다 질문을 던져야 함을 알려 주었다. 정말이지 우리 사회는 오랫동안 '정상' 범주에 속한 사람들만이 질문할 권리를 독점해 왔다. 하지만 수천수만 가지 색을 가진 사람들에게 '왜 너는 우리와 같은 색이 아니냐'고 묻는 사람은 눈앞의 무지개를 즐기는 법을 익히지 못한 사람이다. 무지개를 풍성하게 해 줄 새로운 색을 지닌 사람에게 던져야 할 질문은 오히려 '우리가 당신을 위한 자리를 어떻게 마련할 수 있나요?'여야 할 것이다.

가장 일상적인 새로운 상상

내가 만난 다채로운 몸들이 뿜어내는 질문과 이야기들은 새로웠지만 가장 일상적이기도 했다. 표준적이지 않은 몸을 가진 사람들이 일상을 영위하기 위해서는 그들의 표준적이지 않은 필요가 채워져야 한다. 걸을 수 있는 사람이 2층에 올라가기 위해서는 계단이 필요하듯, 휠체어 이용자에게는 경사로나 엘리베이터가 필요하다. 장애인들은 자신의 독특한 필요가 인정받는 새로운 일상을 상상하고, 사회에서 그것들을 실현하기 위해 노력해 왔다. 그들이 구상하는 새로운 사회는 그러므로 지극히 일상적이다. 저상버스 문에서 경사로가 내려오고, 각자의 속도와 방식으로 이동하는 여러 사람이 한 버스 안에서 만나 함께 일터로 출근하고 놀러 가기도 하는 평범한 하루다.

    장애인과 비장애인이 함께 탄 출근 버스를 상상하며 내가 지내 온 시간을 떠올렸다. 내가 표준적인 몸들로 이루어진 그림에 실수로 떨어진 한 방울의 물감처럼 느껴졌던 시간 말이다. 나를 빤히 쳐다보거나 아예 없는 사람 취급하는 시선 속에 우두커니 얼어 있던 순간과, 어떻게든 그림의 일부가 되어 보려고 슬쩍 몸을 뻗어 본 순간들이 머릿속을 스치고 지나갔다. 나의 모든 시간은 다른 몸들과 접속을 시도하다가 겨우 그 속에 스며든 시간과, 채 스며들지 못하고 어색하게 동떨어진 시간의 직조로 짜여 있다.

무엇보다 나는 언제나 어느 정도 애매한 위치에 서 있었다. 사람들은 종종 내게 마치 칭찬이라도 하듯이 '네가 무슨 장애인이냐'고 했다.

"네가 걸음을 못 걷니, 눈이 안 보이니, 귀가 안 들리니?"

내가 세상에서 제일 듣기 싫은 말이었다. 그 말은 '우리가 비정상인 너를 정상인 걸로 쳐 줄게'라는 말이었고, '정상'인 그들과 '비정상'인 나 사이에 도리어 분명한 선 하나를 긋는 말이었기 때문이다. 하지만 장애인 동료들이 알려 준 대로, 선은 넘으라고 있는 것이고 생각 없는 질문에는 야금야금 쌓아 온 찰진 이야기로 답하면 되는 것이었다. 차별적인 세상에 대항하기도 하고 가끔은 자신만의 걸음걸이로 능청스럽게 세상 한복판을 가로지르기도 하는 사람들을 만나고 보니, 켜켜이 쌓인 그 찬란한 이야기 위에 나의 소소한 질문과 이야기도 살짝 올려놓아 보고 싶어졌다.

동료 시민인 당신에게 건네는 이야기

2018년 1월 페이스북에 '소란스러운 동거'라는 페이지를 열었다. '비정상인'만 '정상인'들의 사회에 조용히 적응하는 것이 아니라, 서로 다른 모두가 끊임없이 대화하며 서로에게 적응해 가는 공동체를 꿈꾸며 지은 이름이다. 매주 한 바닥씩 글을 써서 공유하니, 고맙게도 몇몇 친구들이 꾸준히 반응을 보여 주었다.

내 글은 한 소심한 장애여성이 선을 앞에 두고 보낸 시간에 관한 기록이었다. 선 앞에 우두커니 서 있다가 가끔은 슬쩍 선을 넘어 보기도 하고, 선의 존재를 의심하거나 선을 지워 보기도 하면서 생긴 에피소드들이었다. 살면서 큰 차별이나 폭력을 당한 적은 없다. 다만 순간순간 '너는 여기까지'라며 내 앞에 한계선을 그어 버리는 사람들 앞에서 내뱉지 못한 이의들이 하나하나 쌓여 글을 이루게 되었다.

글이 어느 정도 쌓였을 때 IVP 이종연 편집장에게 출간 제의를 받았다. 출간 제의는 꿈에도 생각지 못한 큰 기회였지만 한편 머뭇거려지기도 했다. 모태신앙으로 늘 교회 안에 있었고 내 안의 기독교적 가치관이 글을 쓸 때도 작용하지만, 이 글은 딱히 기독교인 독자를 상대로 쓴 것이 아니었다. 특히 장애에 관해서는 교회 안에서보다 시민사회나 교회 밖의 동료들과 함께 공부하고 고민해 왔다. 신학에 문외한인 내가 장애나 질병에 대해 신학적으로 깊이 해석할 수도 없는 노릇이어서, 기독교인을 1차 독자로 삼아도 될지 확신이 서지 않았다.

기본적으로 이 글은 한국 사회의 동료 시민을 향하고 있다. 장애에 대한 많은 이슈들은 온 사회가 함께 고민할 문제들이기 때문이다. 배제되는 시민 없이 모두가 존중받고 함께 참여하는 사회를 만들기 위해 시민사회는 오랫동안 노력해 왔다. 근래에 장애와 질병, 소수자에 관해 생산되는 다양한 콘텐츠들은 시민들의 숱한 고민과 꿈을 담고 있다. 물론 기독교인 중에도 비슷한 노력을 하는 사람들이 많다. 하지만 아직 장애에 관한 기독교 콘텐츠가 충분히 쌓이지 않았으므로, 내 작은 이야기나마 보태는 것이 유의미하게 느껴졌다. 기독교인 역시 그런 사회를 만드는 데 기여해야 할 동료 시민으로서, 자꾸 서로 이야기하고 들으며 고민의 깊이를 더해 가는 것은 꽤 좋은 일일 것 같았다.

하지만 단지 그 때문에 출간을 결정한 것은 아니었다. 나는 폭력이란 다양한 정체성의 결 중 하나 또한 몇 가지를 간과하거나 없애는 것이라 생각한다. 특히 표준과 다른 몸을 가진 사람들은 근거도 맥락도 없이 대충 만들어진 '장애인'이라는 납작한 이미지 속에 가두어지기 일쑤다. 나는 기독교인이자 장애여성이자 공부하고 글 쓰는 사람이며, 그 외에도 수많은 정체성들이 중첩되어 구성된 존재다. 나는 어떤 하나의 기표에 갇히지 않기 위해 다양한 정체성이 구성한 나의 이야기를 썼다. 기독교인이지만 그것만으로 나를 설명하는 것도, 장애인이지만 그것만으로 나를 규정하는 것도 거부한다.

내 글을 발견해 준 이종연 편집장과 IVP는 다양한 정체성의 중첩을 드러내려 애쓴 나의 이야기가 공유할 가치가 있다고 여겨 주었다. '있는 모습 그대로' 사람을 대한다는 말은 한 사람이 가지고 있는 다양한 결 모두를 존중하려고 애쓰는 것이다. 긴 시간 IVP와 논의하고 작업하면서, 그것을 아는 사람들과 책 한 권을 만들 수 있는 행운을 내가 누리고 있음을 알게 되었다.

그러므로 이 책은 신학적이라고 할 수도 없고 장애에 대한 대표적 이슈들을 체계적으로 정리한 책도 아니다. 대신 한 기독교인 장애여성 시민이 나만큼, 혹은 나보다 더 다채로운 정체성을 가지고 함께 이 세상을 살아가는 동료 시민에게 보내는 가벼운 한 통의 편지다. 이 편지가 나와 여기 등장하는 다른 사람들, 그리고 독자들 안에 있는 다층적인 결을 해치기보다는 다만 그 풍성함을 발견하고 존중하는 글이기를 바랄 뿐이다.

어느 비표준적인 몸의 역사

질문의 방향을 바꿔 온 장애인들은 '장애'는 몸에 고정된 어떤 실체가 아니라, 사회적으로 구성되는 관계에 따라 생기기도 하고 없어지기도 한다고 주장한다. 이를테면, 나를 어떻게 대해야 할지 몰라 쭈뼛거리는 사람들에게 둘러싸여 있을 때 나에게 장애의 의미는 사람들과 관계 맺기를 어렵게 만드는 무엇이었다. 사람들은 표준과 다른 몸을 가진 나와 자연스럽게 관계 맺기를 어려워했기에, 나는 늘 그들과 나 사이에 놓인 문턱을 어떻게 넘어야 할지 고민했다.

물론 장애는 몸의 문제이기도 하다. 내 몸의 형태와 상태가 내가 맺는 관계에 영향을 미친다. 반대로 사회가 나를 대하는 방식과 그 안에서 형성되는 관계가 내 몸의 상황을 바꾸기도 한다. 나의 경험으로는 때로는 몸의 상황이 결정적이었고, 때로는 관계의 문제가 치명적이었다. 따라서 이 글은 비표준적인 몸을 가진 내가 사람들 혹은 사회와 상호작용해 온 역사에 대한 이야기라고 할 수 있다.

이 책은 크게는 내가 살아온 30여 년 동안의 시간을 따르지만, 각 국면의 특성에 따라 4부로 나누어 구성했다. 1부와 2부는 성장기의 이야기를 주로 담았고, 3부와 4부는 성인이 된 이후 부딪히고 고민했던 질문들을 주로 담았다. 전반적으로는 장애인의 삶에 대해 사회적으로 논의되고 있는 주제들이 한 개인의 삶에 어떻게 드러나는지 보여 주는 형식이라고 할 수 있겠다.

장애는 내게서 분리할 수 없는 것이기에, 일상의 모든 영역이 장애와 장애인을 대하는 사회, 특히 나 자신에 대해 고민할 거리를 던져 주었다. 하지만 나는 혼자서 그 시간을 통과하지 않았다. 장애인 또는 소수자로 차별받은 경험이 있는 동료들을 만나, 영감을 얻고 용기와 새로운 삶의 태도를 배웠다. 차별도 받았고 차별 경험에 매몰되지 않는 법도 배우며 살아온 나는 놀랍게 행복하지도, 지나치게 불행하지도 않다. 그저 오늘 하루도 소소한 즐거움으로 그럭저럭 버티며 살아가는 한 사람의 장애여성일 뿐이다. 그래도 이왕 책을 펼치신 분들이 내 이야기를 모쪼록 즐기실 수 있으면 좋겠다.

일러두기
책에 등장하는 저자 주변 인물의 이름은 모두 가명을 사용하였습니다.

1부

다른 몸의 골목쟁이

1. 고정관념
인생은 아이러니

고정관념 피하기

텔레비전에 장애인이 나오는 것을 별로 좋아하지 않았다. 논리적인 이유를 댈 수 없던 나이에도 미디어가 그려 내는 천편일률적인 장애인의 이미지에 직감적으로 불쾌감을 느끼곤 했다. 달콤한 음식 주위에 벌레가 날아들듯, 장애인에 대한 고정관념은 유난히 많은 것 같았다.

미디어에 장애인이 등장하면 항상 따라 나오는 단어는 '극복'이었다. 장애 뒤에 짝꿍처럼 붙어 있기에 나도 나중에 해야 하는 건가 싶기도 했지만, 정확히 뭘 하라는 건지는 도무지 알 수 없었다. 그 단어만큼 피하고 싶던 또 한 가지는 장애인 자녀 옆에 24시간 붙어 있는 '희생적인 어머니' 이미지였다. 나로 인해 누군가 전적으로 희생하는 일은 없기를 바랐고, 사람들이 우리 가족을 그렇게 보는 상상만 해도 눈이 질끈 감겼다. 엄마가 직장을 다녀서 정말 다행이었다.

모든 사람이 타인에게 의존해 살아간다. 그러나 무엇이 의존이고 무엇이 아닌지, 적당량의 의존도는 어느 정도인지 결정하는 기준은 항상 비장애인들이다. 산업사회는 경제활동을 하는 비장애인 성인 남성의 일상을 가장 '독립적'이라고 상정하고, 그와 다르면 다를수록 '의존도가 크다'고 평가한다. 이런 구조 속에서 장애인들은 늘 '의존적 존재'라는 눈총을 받을 수밖에 없다. 그들에게 편안하게 맞춰진 공간을 자유롭게 누리고 여러 활동을 '독립적'으로 수행할 수 있는 사람들에게, '도와줘야' 하고 '맞춰 줘야' 하는 장애인들은 여간 불편한 존재가 아니다. 그러므로 비장애인들은 '불편을 감수하면서' 자신을 돌봐 주는 그들에게 장애인들이 깊은 감사와 미안한 마음을 가지는 것이 마땅하다고 여긴다.

3급 맞춤 감사 목록

특히 나에게는 중증장애인보다 두 배로 더 감사하고 미안해야 할 의무가 있었다. 어릴 때 부여받은 내 장애등급은 3급[1]이었다. (현재는 점진적 폐지 과정에 들어간) 장애등급제하에서 중증장애인은 1-2급을 부여받았고 경증일수록 낮은 등급을 받았다. 3급은 복지서비스별로 중증으로 분류되기도 하고 경증으로 분류되기도 하는 애매한 급수였다. 많은 어른들은 '장애인'치고는 꽤 할 수 있는 게 많은 나를 보면서 늘 '장애가 심하지 않은 걸 감사하라'고 말하곤 했다.

장애가 심하지 않다는 말을 부정할 생각은 없다. 이미 재활병원에서도 종종 들은 얘기였다. 주치의는 내가 아주 운이 좋은 케이스라고 말해 줬다. 물리치료실만 가 보아도 그 말을 쉽게 이해할 수 있었다. 치료실에서 마주치는 다른 장애인들은 대개 나보다 움직임에 큰 불편을 경험하는 것처럼 보였다.

나의 진단명이기도 한 뇌성마비 장애는 팔이나 다리의 동작, 호흡 기능 등에 어려움을 준다. 얼굴 근육의 조절이 어려워, 말을 하거나 원하는 표정을 짓는 데 불편을 겪기도 한다. 사람마다 장애가 나타나는 부위나 정도는 모두 다르지만, 그중에서 나는 경증인 축에 속한다. 왼팔은 경직과 떨림이 심해 간단한 보조적 기능만 가능하다. 하지만 뒤뚱거리더라도 두 발로 걸을 수 있고, 오른손은 세밀한 동작은 잘되지 않지만 일상생활에 필요한 일들을 해내는 데 꽤 유용한 편이다. 발음이 약간 뭉개지기는 하지만 소통에 큰 어려움은 없다. 나보다 증세가 심한 다른 아이의 엄마들이 부럽다고 한마디씩 할 때마다 조금 민망하고 괜히 미안했다.

더 큰 문제는 병원 밖에서 만나는 어른들이었다. 교회를 다니건 다니지 않건 사람들은 내게 범사에 감사하라고 요구하곤 했다. 사람들이 알려 준 나의 감사 목록에는 다음과 같은 것들이 포함되었다.

"장애가 훨씬 심한 사람도 많은데, 너는 걸을 수도 있고, 말도 잘하고. 하나님께 감사해야지."
"부모님이 너 키우신다고 고생이 많으실 거야. 항상 감사해야 한다."

"자식이 장애가 있으면 집에 가둬 놓는 부모도 많은데, 너는 부모님 잘 만나서 학교도 다니고 얼마나 좋니?"
"선생님들이 신경 쓰이실 게 많을 텐데, 선생님들한테 감사해."
"넌 네 친구한테 고마워해야지. 얼마나 잘 도와주니?"
"네가 무슨 장애인이야? 걸음도 잘 걷고 못 하는 것도 거의 없는데."

장애인이어서 감사하라고?

성경에서도 하라고 하는 '범사에 감사'를 해서 손해를 볼 것 같지는 않았으므로 나는 그때마다 조용히 고개를 끄덕였다. 하지만 마음속에서는 수많은 물음표들이 떠오르곤 했다. 가장 먼저 떠오르는 질문은 '자기들은 비장애인이면서 왜 감사는 나한테 하래?'였다. 하지만 곧 그 질문을 되새기다가 멈칫하곤 했다.

'과연 중증장애인은 불행한가? 장애인이면 비장애인보다는 무조건 불행한 걸까?'

내가 중증장애인보다 '운이 좋다'고, 즉 어떤 면에서든 '낫다'고 말하는 것이 불편했다. 그건 재활병원에서 만난 다른 친구들에 대한 예의가 아닌 것 같았다. 내 몸의 특성을 나와 분리해서 그것이 나를 불행하게 한다고 생각하는 것은 내 입장에서는 자연스러운 일이 아니었다. 그러니 다른 장애인들이 행복한지 불행한지도 내가 알 수 있는 일은 아니었다.

한편으로는 내가 받은 복에 감사한 마음도 컸다. 장애가 있는 자녀를 집에 가두고 학교에 보내지 않거나, 아예 시설로 보낸다는 부모들 이야기를 많이 들었다. 그런 얘기를 들으면 나를 가두거나 방치하지 않는 부모님, 장애가 있는 손녀에게 함부로 말하지 않는 조부모님에게 감사한 마음이 올라왔다. 실제로 가족들은 나의 치료와 교육을 위해 더 고민하고 움직여야 했고, 돈도 많이 들여야 했다. 다 표현할 수 없을 만큼 고마운 일이었다.

그럼에도 학교를 보내 주는 부모님께 감사하라는 말을 들으면 이런 생각이 올라왔다.

'초등학교 과정은 의무교육인데….'

자녀의 의무교육 기회를 막으면 부모가 처벌받는 나라에서, 교육열이 세계 최고 수준을 달리는 나라에서, 유독 나를 보면 감수성이 풍부해져서 내가 초등학교에 다닌다는 사실만으로 감격하는 사람들이 많았다.

부모님 외에도 내가 감사해야 할 대상은 넘쳐 났다. 나 때문에 '신경을 훨씬 많이 써야 하는' 선생님들, 나와 '놀아 주는' 친구들, 늘 나를 도와주고 '맏딸을 대신해야 하는' 동생 등. 그러나 구체적으로 선생님들이 무엇을 더 신경 쓰는지는 좀 모호했고, 친구들은 나와 함께든 따로든 그저 놀기에 바빠 나와 '놀아 줄' 여유는 많지 않아 보였다. 엄마가 나보다 동생에게 심부름을 시킬 때가 좀더 많긴 했지만, 맏딸 노릇을 도맡기에 동생은 귀엽고 철없는 천생 막둥이일 때도 많았다.

가끔은 나 대신 항의해 주는 사람들 덕에 신이 날 때도 있었다. 동생에게 "네가 언니 도와주느라 힘들겠다"는 사람에게 엄마가 "오히려 큰애가 작은애를 챙길 때도 있어요"라고 덧붙여 줄 때, 친구가 나와 "놀아 주는 거 아니고 같이 노는 건데요"라고 정정해 줄 때 그랬다. 그러나 그 말을 들은 사람들의 얼굴엔 대개 무슨 말인지 모르겠다는 표정이 떠오르곤 했다. 내가 동생을 챙길 수 있다는 가능성도, 내가 놀고 싶은 친구가 될 수 있는 가능성도 생각할 수 없는 사람들은 잠시 의아한 표정을 짓다가 그대로 지나가곤 했다.

소심한 반항의 끝

감사할 게 많은 나에게 합당한 '도리'를 기대하는 사람들도 있었다. 친구에게 장난삼아 짓궂은 농담을 했다가 "매일 너를 도와주는 친구한테 그러면 되겠느냐"며 혼나기도 했고, 졸업 후에 학교를 찾아가지 않으니 다른 사람은 몰라도 네가 선생님들을 잊어서야 되겠냐는 말을 들은 적도 있다. 그 외에도 여러 이야기를 들었지만, 나는 주위 사람들이 내게 기대하는 도리를 결코 완벽하게 깨우치지 못했다. 그 도리라는 것이 꽤나 자주 변하곤 했기 때문이다. 나의 존재가 유독 불편하게 느껴지는 날에는 나의 '염치없는 태도'가 새롭게 발견되는 것 같기도 했다.

"너는 행운아니까, 나중에 크면 꼭 너 같은 사람들을 돕는 삶을 살아라."

감사할 것들이 무수한 내가 행해야 할 도리의 최종 목적지는 바로 이것이었다. 행운아라면 모름지기 자신의 행운을 나누며 살아야 마땅하지 않겠는가. 하지만 나는 소심한 반항을 하기로 결심했다. '나 같은 사람들'의 범주가 어디까지인지는 모르겠지만, 그 안에 포함되어 있을 것이 분명한 장애인과 관련된 일은 거들떠도 보지 않기로 한 것이다. 내가 '장애인치고' 운이 좋다는 이유로 그들이 상상하는 '천사 같은' 그 무엇이 될 생각도 없었고, 다른 장애인들을 내 도움이 필요한 존재로 생각하고 싶지도 않았다.

엄마는 내가 특수학교 교사를 하기 원했지만, 그래서 나는 교육 관련 전공은 돌아보지도 않았다. 사회복지나 상담 분야 역시 관심도 보이지 않았다. 내가 도움을 주는 위치에서 도움이 필요한 사람들을 만나는 식의 일은 다 피했고, 장애인 운동과도 거리를 두었다. 성인이 되어서도 사람 얼굴보다는 컴퓨터 화면이나 종이 문서를 보는 직업만 찾아다녔다.

우습게도, 그렇게 '장애'라는 주제를 피해만 다니던 내가 요즘은 매일같이 장애 관련 이슈들을 확인하고 관련 글을 읽고 모임에 참여하고 있다. 거기다 장애 관련 책까지 써 보겠다고 이렇게 자판을 두드리고 있다. 물론 어른들이 기대한 '나보다 어려운 사람을 돕는' 일이 아니라 차별받는 사람의 시선으로 세상에 질문을 던지는 일이지만, 가끔은 왠지 고정관념에 진 것 같아 자존심이 상하기도 한다. 하지만 어쩌겠는가. '인생은 아이러니'라는 클리셰에 기대어 피식 웃어 버릴 수밖에.

2. 가족
소란스럽게 온 아이

나의 삶에 대한 수다를 어디서부터 시작할까 고민하다, 기왕이면 클리셰 가득한 드라마처럼, 무책임한 스펙터클로 출발해 보는 것도 나쁘지 않을 것 같다는 생각이 들었다. 그래서 첫 장면은 내가 엄마의 자궁 문을 두드린 아침으로 골랐다.

소란스러웠던 생일날

진통이 시작된 것은 엄마의 스물일곱 번째 생일날 아침이었다. 예정일보다 딱 하루가 빨랐으니 제법 시간을 잘 맞춘 셈이다. 엄마는 오전 열 시쯤 다니던 산부인과를 찾았다. 개원한 지 얼마 되지 않았지만, 집과 가깝고 무엇보다 젊은 의사가 친절해서 임신 기간 내내 별 걱정 없이 다닌 병원이었다.

어느 정도 시간이 지난 후에도 진통 주기는 불규칙했고 나는 영 세상 밖으로 나오지 못하고 있었다. 여기까지는 평범한 이야기다. 문제는 그 상황에 당황한 사람이 엄마뿐이 아니었다는 것이다. 분만촉진제를 두어 번 투여한 후에도 출산 과정에 진전이 없자, 의사마저 허둥대기 시작했다.

당황하는 의사를 더 이상 신뢰할 수 없었던 할머니는 진통 중인 엄마를 택시에 태웠다. 엄마를 간신히 친지가 운영하는 병원으로 옮겼을 때는 초저녁이었다. 이미 제왕절개를 하기에도 너무 위험해진 상황이었다. 설상가상으로 나는 자궁 안에서 태변을 보았다. 태변이 양수를 오염시키면서 나를 질식시키고 있었다.

마지막 시도로, 의사가 엄마의 자궁 안으로 손을 넣어 나의 몸을 돌려 보기 시작했다. 그렇게 몇 차례의 시도 끝에 나는 가까스로 탁트인 공기 속으로 나올 수 있었다. 2.5킬로그램의 조그만 몸이 처음으로 빛을 본 것은 엄마의 스물일곱 번째 생일날 저녁 여덟 시경이었다.

이후에 의사들은 다사다난했던 이 출산 과정 중에 나의 뇌가 손상을 입었을 것이라고 추정했다. 엄마 배 속에서 태변을 봐 양수가 오염되고 나오기까지의 시간도 오래 걸리면서, 충분한 산소를 마시기 어려웠을 거라고 했다. 하지만 어쨌든 낳느라 또 나오느라 죽어라 고생한 끝에 엄마와 나는 꽤 근사한 생일 선물을 받았다. 엄마는 첫아이를, 나는 이 세상과의 인연을.

기진맥진해 휴식을 취하고 있는 엄마에게 밤 열한 시쯤 연락이 왔다. 아이가 딸꾹질을 한다고 했다. 경기를 일으킨 것이다. 의사는 인큐

베이터 시설이 잘 갖춰진 소아전문병원에 나를 입원시킬 것을 권했다. 그런데 보름 후에 집에 데려오려고 나를 입원시켰던 병원에 가 보니 내 입안에 백태가 잔뜩 껴 있었다. 스프레이 약을 사다 뿌려 주니 다행히 말끔하게 없어지긴 했으나, 엄마는 병원에서 아이를 제대로 돌봐 주지 않은 듯하여 찝찝했다고 한다.

자지 않는 아이, 기지 않는 아이

아이를 낳아 집에 데려오기까지의 과정도 험난했지만, 이어진 육아도 만만치 않았다. 나는 까다로운 아기였다. 젖병을 물리면 반을 채 못 비우고 얼굴을 돌렸고, 밤이면 한두 시간에 한 번씩 깨어 칭얼대기를 반복했다. 당시 우리 가족은 외할머니 댁 2층에 살고 있었는데, 밤에 내가 깰 때마다 엄마는 1층에 있는 부엌으로 내려가 물을 끓여 병을 소독하고 우유를 타야 했다. 하지만 그렇게 우유를 타서 다시 계단을 올라오면 나는 두세 번 빨고는 금세 젖병을 뱉어 버렸다.

출산하고 얼마 안 되어 직장에 복귀한 엄마는 퇴근 후에 밤새 나를 달래야 했던 이때를 인생에서 가장 힘들었던 시기 중 하나로 기억한다. 하필이면 아빠는 내가 태어난 해부터 3년간 지방에서 근무해야 했다. 홀로 육아를 담당해야 했던 엄마에게 큰 힘이 되어 준 건 함께 살았던 두 이모였다. 결혼 전이었던 이모들은 낮이면 할머니와 함께 엄마 대신 나를 돌봐 줬고, 밤이면 칭얼대는 나를 돌아가며 안아 주었다.

숙면을 취하지 못하는 밤은 길었으나, 그래도 시간은 흐르고 아기는 자랐다. 나는 할머니·할아버지, 이모들, 삼촌에게까지 귀여움을 받은 덕분에 일찍부터 활발하고 시끄러운 수다쟁이가 되었다. 하지만 내 몸은 어딘가 이상한 구석이 있었다. 똑바로 앉지 못하고, 앉혀 놓으면 몸이 한쪽으로 기울어지곤 했다. 무엇보다 돌이 지나도록 기지도 걷지도 않았다. 어른들은 엄마에게 늦되는 아이들 많다며 걱정할 거 없다고 했다. 혹시나 해서 예방접종을 할 때마다 병원에 물어봤지만, 소아과 의사도 별일 아니라고 할 뿐이었다.

'돌이 되도록 아이가 똑바로 앉지 못하고 기지도 걷지도 않는데 정말 별일이 아닌 걸까?'

아무래도 걱정이 된 엄마가 나를 대학병원 재활의학과에 데려갔지만, 그저 발달이 좀 느린 아이인 것 같다는 말을 들었다. 하지만 엄마가 지켜본 나의 몸은 단순히 '늦된' 것이 아니었다. 발달이 느린 것이 아니라 몸 자체가 어딘가 달랐기 때문이다.

인체에 대한 전문 지식이 없는 엄마가 보아도 내 몸의 자세와 움직임은 평범하지 않았다. 비장애아동들과는 분명히 다른 특성들이 내 동작 여기저기에서 나타나고 있음에도, 전문가들은 장애 진단을 내리지 않고 시간을 미루기만 했다. 장애에 대한 진단은 다양한 요인들을 고려해야 하는 신중한 작업이라고 하지만, 별다른 설명도 듣지 못한 채 여러 병원을 오가는 동안 가족들은 불안하고 답답할 수밖에 없었다.

의문이 풀리지 않았던 엄마가 뇌신경외과를 찾은 것은 내가 15개월쯤 되었을 때였다. 의사는 내 손을 한 번 잡아 보더니 별다른 검사도 없이 뇌성마비라고 진단했다. 엄마가 아이의 왼쪽 몸이 불편한 것 같다고 했더니, 의사는 전신에 다 장애가 있다고 알려 주었다. 몇 개월 동안 병원을 돌아다녔는데, 막상 진단은 너무 쉽게 툭 나와 버렸다. 진단을 받은 후에는 재활치료를 위해 재활병원으로 건너가 입원을 했다.

가족이 되어 가다

"맨 처음에 네가 장애가 있단 얘길 듣고 하늘이 무너지는 줄 알았어. 엄마도 장애를 접해 본 적이 없었잖아. 그러니까 '내 인생은 이젠 끝이구나' 싶어서 밤마다 울면서 잤어."

엄마가 힘들었던 건 막연한 낯섦과 두려움 때문만은 아니었다. 장애가 있는 아이를 키운다는 것의 무게가 병원에서 물리치료를 받는 나를 지켜보는 순간부터 현실화되었기 때문이다.

나는 한 달의 입원 기간 동안 매일 물리치료를 받았는데, 그 30분 내내 쉬지 않고 울었다고 한다. 엄마는 치료가 가능하긴 할까 싶을 정도로 자지러지게 우는 나를 지켜보면서, 다른 부모들과 함께 병원 복도를 서성였다. 한 달간의 입원 치료가 끝나고 통원 치료로 전환한 뒤에도 나의 울음은 그치지 않았다. 악다구니가 따로 없었다. 물리치료가 진행되는 30분의 시간은 치료사, 엄마, 나 모두의 진을 다 빼고야 간신히 끝이 났다.

몇 개월인지 모를 시간이 흐른 어느 날이었다. 갑자기 내가 울음을 그쳤다. 치료 시간이면 온 힘을 다해 울던 내가 처음으로 치료받는 내내 한 번도 울지 않은 것이다. 그리고 그날 이후로는 치료받을 때 두 번 다시 울지 않았다고 한다. 엄마에게는 기적 같은 일이었는데, 치료사는 별일 아니라는 듯 말했다. 아이들은 원래 한번 그치면 다시는 울지 않는다고, 얼마간만 잘 버텨 내면 되는 거라고.

재활병원에는 다양한 몸을 가진 사람들이 모였다. 치료실을 오가면서 익숙해진 얼굴들도 있었다. 뇌성마비 아이들만 해도 장애 정도가 매우 다양했다. 온몸이 경직되는 아이부터 도보가 가능한 아이, 겉으로 보기에는 장애가 별로 드러나지 않는 아이도 있었다. 엄마는 자주 마주치는 아이들과 그 부모들을 보며 여러 가지 생각을 했다.

'어떤 아이의 부모는 아이가 장애가 심해도 웃을 줄 알고, 어떤 부모는 내 아이에 비하면 훨씬 좋아 보여도 내내 우울해하는구나.'

장애아동을 키우는 다른 가족들을 만나면서, 엄마는 나와 함께 어떻게 살아가야 할지 고민하기 시작했다. 어릴 때부터 공부 잘하는 모범생으로 칭찬받으며 자란 엄마는, 장애가 있는 아이를 데리고 다니면서 주변 사람들의 눈치를 봐야 하고, 딸을 놀리는 아이들을 만나야 하는 일상을 상상조차 한 적이 없었다. 엄마는 나로 인해 완전히 다른 세상을 경험하고 전혀 다른 사람들의 삶을 보게 되면서 간절한 기도를 배우기 시작했다고 한다.

한동안 장애를 가진 딸을 키울 생각에 막막하고 두려웠다. 우울해지기도 했다. 그런 엄마가 차차 기쁨과 안정감을 찾을 수 있었던 건 함께 살던 할머니와 할아버지 덕분이었다. 직장을 다니는 엄마와 지방에 있는 아빠를 대신해 할아버지와 할머니가 일주일에 한두 번 나를 데리고 재활병원에 다녔다. 할아버지는 환갑이 넘어 운전면허를 따시고, 내 재활치료를 위해 운전 실력을 발휘해 주셨다. 할아버지는 퇴직 후에 가장 잘한 일이 운전면허를 따서 나를 병원에 데리고 다닌 것이라고 오래도록 뿌듯해하셨다.

할아버지는 평생 사업을 하면서 대가족을 먹여 살렸다. 모든 것에 신중하고 조심스러워야 했던 할아버지는 다른 사람에게 공감하거나 여유를 즐기는 법을 몰랐고, 자녀들에게는 무섭고 엄한 아버지였다. 엄마는 그런 자신의 아버지가 손녀와 함께 병원에 다니면서 약자에 대한 긍휼한 마음과 따뜻한 시선을 갖게 되는 것을 발견했다. 특히 신기하게도 할아버지는 장애에 대해 부정적인 말씀을 전혀 하시지 않았다. 오히려 "다른 아이들은 엄청 우는데 은영이는 하나도 안 울고 치료 잘 받더라"며 긍정적인 이야기만 엄마에게 전했다. 할아버지는 나에게만큼은 엄마가 어려서 경험한 무섭고 두려운 아버지가 아니라, 긍정적이고 사랑이 많은 할아버지였다.

한편, 나를 통해 장애에 대한 엄마의 편견도 깨어져 갔다. 엄마는 나의 어린 시절을 이렇게 회상했다.

"네가 별로 장애에 갇혀 살지 않는 거야. 네 안에 어떤 생각이 오고 갈지는 모르지만, 엄청 명랑하고 하고 싶은 것도 많고, 놀고 싶은 것도 많고. 만날 놀다가 무릎이 깨져서 피가 철철 나도 거기에 구애받지 않고 뛰어다니고, 손이 떨려서 피아노 건반이 부서질 것 같아도 그러거나 말거나 피아노를 치고, 음정이 틀려서 놀림을 받아도 노래를 부르고. 음이 다 틀려서 친구들이 엄청 웃었다는 얘기를 웃으면서 나한테 들려주고."

어린 나는 눈치가 별로 없어서 하고 싶은 건 일단 하고 보는 성격이었다. 천방지축으로 뛰노는 나를 보면서, 엄마는 어쩌면 내 삶이 자기가 상상했던 것만큼 우울하지 않을 수도 있다는 생각을 하게 되었다. 엄마는 조금씩, 나를 하나님께 맡기는 연습을 시작했다.

"네 안의 생명력을 발견하면서 너랑 나 자신을 좀 분리하게 됐어. 어떤 부분에 있어서는 나의 세계와는 다른 너의 세계가 있을 수 있다는 생각을 하면서, 내가 네게 뭘 주거나 널 보호하거나 감싸거나 위험으로부터 차단하지 않게 되었어. 네가 어떻게 자라게 될지 사실 전혀 알 수 없었지. 어쨌든 너는 엄청 낙천적이고 긍정적인 아이였어."

무엇보다 내가 엄마를 원망하지 않는 것이 신기했다고 한다. 엄마는 나를 임신하고 출산하는 과정의 다양한 상황들, 이를테면 임신 기간 중 스트레스를 받았던 일이나 작은 병원을 선택한 일부터 모든 사소한 것들까지 따지며 자책했다. 그래서 언젠가는 내가 엄마를 원망할 거라고 생각했는데 한 번도 그러지 않았다는 것이다. 엄마의 이런 예상은 나로서는 그야말로 얼토당토않은 것이었다. 엄마가 내 장애를 원했던 것은 아니었잖은가. 오히려 비장애인 자녀를 둔 부모보다 훨씬 많은 공력을 들이고 더 많이 고민해야 하는 가족들에게 내가 미안한 마음이 있었다면 모를까.

하지만 그보다 근본적으로 나는 내 장애 때문에 엄마를 원망하는 게 불가능했다. 처음부터 나는 내 몸을 가진 나였기 때문이다. 물론 내 몸이 다른 사람의 몸과 다르다는 것은 일찍감치 알고 있었지만, 나 자신 자체였던 몸을 다른 몸으로 바꿀 수 있다는 생각이 내게는 아예 비현실적이었다. 재활치료를 받으면서 '더 나아져야 한다'는 소리도 많이 들었지만, 사실 그런 말들이 잘 이해되지는 않았다. 더 나아져야 한다느니, 몸이 전보다 좋아지고 있는 것 같다느니 하는 어른들의 말을 곧이들은 적은 없었다. 어른들의 '덕담'은 그들의 환상이 담긴 빈말이라는 걸 이미 눈치챘기 때문이다.

지금 돌아보면, 이런 나의 생각은 그리 틀린 것이 아니었다. 나의 고유함을 인정하고 나와 나를 붙드는 더 큰 손을 신뢰하며 나를 잡은 손에 힘을 빼는 것이 엄마의 일이었다면, 내 몸으로 앞에 열려 있는 세상을 자유롭게 뛰어노는 것이 나의 일이었다. 장애가 있는 나와 장애가 있는 아이를 둔 엄마는 그렇게 서로의 가족이 되어 갔다.

굳이 포기할 생각 없음

나를 품 안에 가두지 않기로 하면서 엄마는 두 가지 선택을 했다. 첫째, 딸이 장애가 있는데 굳이 직장을 다녀야 하냐는 말을 듣기도 했지만, 엄마는 어려움에도 불구하고 직장을 계속 다녔다. 둘째, 나 하나 키우기도 벅차다는 생각에 더 이상 아이를 낳지 않으려 했으나, 동생 하나는 있어야 아이가 외롭지 않을 거라는 할머니의 권유에 다시 아이를 가졌다.

결과적으로 이 두 가지는 탁월한 선택이었다. 엄마가 직장을 다닌 덕분에, 엄마와 나는 각자 독립성을 유지하고 서로의 독립성을 지켜 주는 관계를 유지할 수 있었다. 내게 장애가 있다는 이유로 엄마가 나를 지나치게 보호하고 걱정할 수 없는 상황이 자연스럽게 만들어진 것이다. 물론 우리 가족의 경우 할머니와 할아버지, 이모들의 든든한 지원이 있었기에 가능했던 일이기도 했다.

엄마와 아빠가 동생을 낳은 것 역시 멋진 일이었다. 다섯 살 터울인 동생과 나는 사람들의 걱정과는 달리 평범한 자매로 자랐다. 어린 동생이 나를 도와줘야 하거나 나 때문에 감수해야 했던 부분도 물론 있었지만, 우리는 여느 자매처럼 잘 놀고 잘 싸우고 서로를 의지했다. 엄마와 아빠는 낯선 몸을 가진 나를 잘 키우기 위해 여러 고민을 하면서도, 나를 위해 다른 가족의 삶을 함부로 희생하지 않도록 조심했다. 가끔은 그러지 못할 때도 있었지만 말이다.

3. 동네
아이들은 골목에서 만난다

놀 수 없는 놀이방과 골목쟁이들

유치원에서는 친구를 사귀기 어려웠다. 자유시간을 보내는 놀이방은 공간이 둘로 나뉘었는데, 바닥에서는 남자아이들이 레고를 가지고 놀았고 사다리 위 2층 침대에서는 여자아이들이 인형놀이를 했다. 나는 사다리를 오를 수 없어서 레고놀이를 하는 남자아이들 옆에 우두커니 서 있었다. 예닐곱 살의 우리는 이미 남녀가 나뉘어 노는 데 익숙했기에, 나는 저벅저벅 남자아이들 사이로 들어가서 레고를 집을 수 없었다. 손아귀 힘이 약하고 세밀한 동작이 어려운 내가 레고를 가지고 놀기에는 불편할뿐더러, 사실은 할 수만 있다면 나도 2층 침대에 올라가고 싶었다.

    자유놀이 시간에 선생님은 놀이방에 잘 들어오지 않았고, 아이들은 각자 놀이에 집중하느라 내 존재를 신경 쓰지 않았다. 다른 아이들이 모두 바닥에 앉거나 침대에 올라가 있는 동안 혼자 놀이방 한구석에 우두커니 서 있으면서, 나는 빨리 자유시간이 끝나고 선생님에게 동화를 듣는 시간이 오기만을 기다렸다. 친구들이 좋아하는 시간을 나는 싫어하고, 내가 기다리는 시간을 친구들은 지루해했다.

그런 내게도, 유치원 밖에서는 매일 붙어 다니며 함께 집집을 순회하고 골목골목을 누비는 친구들이 있었다. 나는 아이들을 위해 예쁘고 안전하게 만들어 놓은 공간에서는 혼자였지만, 여기저기 구덩이가 파이고 거친 시멘트와 돌멩이들이 널려 있는 길바닥에서는 쉴 새 없이 다음 놀이를 향해 달려가는 무리에 속했다. 안전하고 예쁜 장난감 가득한 놀이방이 아니라, 좁고 복잡한 골목길과 구석구석 숨겨진 비밀 아지트, 골목을 구성하는 집들이 나와 친구들의 세상이었다.

우리 집은 주택이 다닥다닥 붙은 골목 한가운데 있었는데, 그 골목 안에서 많은 아이들이 태어났다. 우리는 기억이 닿지 않는 순간부터 친구였다. 그중 한 언니의 말에 따르면 내가 첫 걸음마를 뗀 곳이 그 언니의 집이었다고 한다. 그런 친구들에겐 내 몸이 별난 몸이라기보다, 그저 태어날 때부터 함께 뒹굴던 친구의 꽤나 자연스러운 몸이었을 것이다.

진흙탕 골목의 모험가들

우리는 온종일 골목을 뛰어다녔고, 나는 하루에만 평균 두세 번씩 시멘트 바닥에 무릎을 찧었다. 친구들이 나를 두고 먼저 놀이터로 달려갈 때도 있었지만 큰 문제는 아니었다. 놀이터는 모름지기 누구에게나 전력질주로 달려가야 할 곳이었기에, 나는 내 속도로 친구들을 뒤따라 뛰어가면 그뿐이었다. 물론 놀이터를 향해 혼자 달릴 때는 좀 외로웠고 고무줄놀이를 옆에서 지켜만 볼 때는 지루하기도 했다. 하지만 잠시 가라앉았던 마음도 동네 언니들과 한 차례 모험을 떠났다 돌아오면 온데간데없어지곤 했다.

당시에는 툭하면 상하수도를 고친다며 포크레인으로 길바닥을 파헤쳤다. 그럴 때면 동네 길들이 널찍널찍한 진흙 구덩이로 변하곤 했다. 우리는 구덩이 위로 놓인 철다리를 건너다니며 모험놀이를 했다. 윗동네 다리를 건너 탐험을 떠났다가 아랫동네 다리를 건너 귀환하는 식이었다. 구멍이 숭숭 뚫린 철길과 그 밑으로 보이는 거대한 흙빛 계곡을 앞에 둔 우리는 자못 비장해졌다. 그 비장함은 내가 있어 한층 더 커졌다.

모험을 한번 떠났다 돌아오면 내 양 무릎에는 여지없이 구멍이 뚫릴 터였다. 피 좀 흐르는 거야 별일 아니었지만, 퇴근하고 돌아와 내 무릎을 확인할 엄마는 좀 무서웠다. 혹시 다리 아래로 떨어질까 봐 겁이 나기도 했다. 하지만 친구들은 주저하는 나의 두 팔을 한사코 잡아당겨 매번 함께 다리를 건넜다. 그렇게 친구들과 모험을 하고 돌아온 밤이면, 너덜거리는 무릎을 하고서도 실실 웃으면서 잠자리에 들곤 했다. 엄마는 화를 내다가도 어이가 없다는 듯 끝내 피식 웃어 버리곤 했다.

나는 여간해서는 골목을 떠나고 싶지 않았다. 그래서 일주일에 한두 번 물리치료를 받으러 다녀오는 두어 시간이 그렇게 아쉬울 수가 없었다. 한번은 유난히 친구들과 떨어지기가 싫어서 차에 타지 않고 버틴 적이 있다. 그러자 동네 언니들 몇 명이 병원에 함께 가겠다며 차에 올랐고, 치료 시간 동안 병원 복도에서 나를 기다려 주었다. 당시 골목 사람들 모두 나한테 물리치료가 중요하다는 걸 알고 있었기에, 열 살이 채 되지 않은 언니들이 헤어지기 싫어하는 나와 기꺼이 동행해 준 것이다. 할아버지는 치료가 끝나자 고맙고 기특했는지 모두를 데리고 행주산성으로 소풍을 갔다.

피아노라는 끈

언니들 중에 나와 이름이 같고 서너 살 많은 언니가 있었다. 이미 학교를 다니던 그 언니는 나와 또래 친구들이 보기에는 성숙하고 예쁜 어른 같았다. 우리는 언니를 잘 따랐고, 언니도 그게 좋았는지 우리를 자기 집에 초대해서 골목에서는 할 수 없는 신기한 놀이들을 함께하기도 했다. 하루는 언니가 피아노를 배운다는 소식을 듣고 동생들이 쪼르르 구경하러 갔다. 언니네 윗집이 피아노 선생님 댁이자 레슨 장소였다. 우리는 피아노를 치는 언니를 뒤에서 조용히 지켜보다가, 각자 부모님을 졸라 다음 날 바로 레슨에 등록했다.

선생님은 어린 우리가 보기에도 바른생활만 하실 것 같은 단단한 분이었다. 선생님은 서툰 내 손동작을 전혀 개의치 않고 기본 자세부터 섬세하게 가르쳐 주셨다. 나는 달걀을 감싼 것처럼 살포시 손을 둥글게 말고 건반을 치라는 말부터 어려웠다. 실제 달걀이 있었다면 내 손에서 날마다 열 개는 깨져 나갔을 것이다. 특히 떨림이 심하고 손가락이 자유자재로 움직이지 않는 왼손의 음은 늘 뭉개졌다. 하지만 선생님은 내가 내는 굉음이 별문제가 아닌 것처럼 레슨을 이어 나갔다.

선생님은 피아노뿐 아니라 생활 교육도 신경 쓰셨기 때문에, 우리는 혼날 일이 있으면 일렬로 서서 꾸중을 듣기도 했다. 하루는 내 손동작을 지켜보던 선생님이 아들에게 칸이 넓은 공책을 사오게 하시더니, 다른 친구가 피아노를 연습하는 동안 내게 글씨를 써 보라고 하셨다. 크고 삐뚤빼뚤한 글씨체를 본 선생님은 내 손을 잡고 연필 쥐는 법부터 바른 글씨 쓰는 법을 가르치셨다. 그런 다음부터 나는 피아노 순서를 기다리는 동안 놀지 못하고 글씨 연습을 해야 했다. 손이 아프고 놀고 싶기도 했지만, 우리를 많이 생각해 주는 선생님이 싫지 않았다. 함께 피아노를 배운다는 건 어느덧 은근한 자랑거리이자 우리를 묶어 주는 하나의 끈이 되어 있었다.

그러던 어느 날 선생님이 이사를 가시게 되어, 우리에게 다른 선생님을 소개시켜 주셨다. 다소 엄하셨던 첫 선생님과 다르게 새로운 선생님은 경쾌하고 부드러웠다. 새로운 피아노 선생님은 매주 차로 우리를 태우고 조금 떨어진 선생님 집으로 갔다. 먼 곳은 아니었지만 우리는 함께 차를 타고 피아노를 배우러 갈 생각에 늘 설렜다. 선생님은 가끔 우리를 교회로 데려가 오르간을 쳐 볼 수 있게 하는 등 소소한 이벤트도 열어 주셨고, 피아노 레슨 외에도 우리와 즐겁게 노는 걸 좋아하셨다.

　새로운 피아노 선생님도 금세 우리에게 소중한 사람이 되었다. 스승의 날 선생님께 드릴 선물을 사겠다고 친구 몇 명이 지하철을 타고 백화점까지 갔다가 어른들한테 꾸지람을 듣기도 했다. 특히 선생님은 내가 좀더 커서 외로운 시간을 보내게 되었을 때, 나에게 둘도 없는 좋은 친구가 되어 주시기도 했다.

　골목과 놀이터와 피아노 선생님의 집에서 우리 골목쟁이들은 함께 자라났다. 얼마 후에 나보다 한두 살 많은 언니들은 초등학교에 입학했다. 나는 유치원에서 돌아오면 학교에서 언니들이 오기만을 기다렸다. 나도 얼른 여덟 살이 되어, 빨리 언니들이 다니는 학교에 가고 싶었다.

4. 학교
무성한 숲길을 헤쳐 나가는 법

신뢰의 방향을 선택하다

초등학교에 입학할 나이가 가까워지자 부모님은 나를 어떤 학교에 보내야 할지 고민하기 시작했다. 나는 옛날이야기 듣기나 책 읽기를 좋아했고, 어른들과도 쉬지 않고 말을 주고받는 수다쟁이였다. 따라서 가족들은 내 지적 능력을 딱히 의심하지 않았고, 엄마는 대개의 엄마들처럼 딸에게 제법 똑똑한 구석이 있다고 믿었다. 하지만 장애가 있는 아이를 어떤 학교에 보내는 것이 좋을지는 고민이 되었다.

부모님은 내가 재활치료를 받으러 다니던 병원 부설의 특수학교를 알아봐야 할지도 모르겠다고 생각했다. 주치의에게 의견을 묻자 그는 나에게 IQ 검사를 받아 보도록 했는데, 검사 결과가 저지능으로 나왔다. 엄마는 나와 지낸 시간 동안 내 이해 능력을 의심해 본 적이 없었다. 주위 사람들한테도 아이가 똑똑하다는 칭찬을 꽤 들은 터였다. 그런데 저지능이라고?

의사는 나를 특수학교에 보낼 것을 권했다. 그는 비장애인들 사이에서는 내가 매사에 뒤처질 거라고 염려했다. 하지만 엄마는 그 말이 잘 납득되지 않았다. 나는 온통 비장애인인 동네 친구들하고 잘 어울려 놀았고, 이해력도 그들과 별반 달라 보이지 않았기 때문이다. IQ 검사가 얼마나 과학적인지는 알 수 없지만, 적어도 엄마에겐 자신의 딸을 파악하는 데는 하나도 정확하지 않아 보였다.

검사 결과를 인정하기 어려웠던 엄마는 치료사에게 고민을 털어놓았다. 의사는 나를 몇 달에 한 번 잠깐씩만 볼 뿐이지만, 치료사는 매주 30분의 치료 시간 동안 나와 이런저런 대화를 나누었기 때문에 의사보다 훨씬 나를 잘 알 터였다. 치료사는 엄마에게 딱 잘라 말했다.

"아무 문제 없어요. 일반 학교 보내세요."

엄마는 짧은 시간 동안 진행된 검사의 수치보다, 나와 매주 소통한 치료사의 말과 부모인 자신의 경험을 믿어 보기로 했다. 결국 나는 원하던 대로 동네 언니들이 다니는 길 건너 학교에 들어갔다. 학교에 다니는 내내 수학 점수는 늘 중하위권을 맴돌았고, 특히 IQ 검사에 많이 나오곤 하는 도형 문제 앞에선 머리가 새하얘지곤 했다. 하지만 그 외의 학습 능력은 일반 학교에 다니는 데 아무런 문제가 되지 않을 정도였다. 게다가 수학을 못하는 동지들은 항상 넘쳐 났으므로 외롭지 않았다.

IQ 수치는 인간의 능력 중에서 정확하게 수치화할 수 있는 부분만

깔끔하게 선별해 보여 주지만, 애초에 복합적 존재인 인간을 깔끔하게 단순화해 파악하려는 시도는 늘 실패할 수밖에 없다. IQ 검사가 얼마나 섬세한 방법으로 설계되었든 간에, 그보다 훨씬 복잡다단한 나와 직접 말을 섞고 피부를 맞댄 사람들의 판단이 정확했던 건 그리 놀라운 일도 아니다.

도움이 필요한 아이와 착한 친구들

나의 학교생활은 그렇게 일반 공립학교에서 시작되었다. 학교에 장애학생을 위한 별도의 특수반은 없었고, 나는 일반 학급에 배정되어 비장애인 친구들과 함께 생활했다. 장애학생과 비장애학생이 한 교실 안에서 함께 생활하는 교육 공동체를 지향하는 '통합교육'은 특수교육학에서 상정하는 이상적인 형태다. 하지만 초등학교부터 고등학교까지 비장애인 친구들과 짝으로 지냈다고 해서, 내가 진정한 의미에서 통합교육을 받았다고 할 수는 없었다.

입학할 때 학교는 내게 별다른 지원을 약속하지 않았다. 좀 뒤뚱거리는 것 외엔 학교생활에 별 지장이 없을 것 같아 보여서 나를 입학생으로 받았던 것뿐이었다. 아이들이 시도 때도 없이 뛰어다니는 계단에서 구르지 않기, 쪼그려 앉아야 하는 화장실에서 바닥에 엉덩이 찧지 않기, 체육 시간에 친구들에게 방해되지 않도록 적당히 끼고 빠지기 등은 오롯이 나에게만 달린 매일의 도전이었다.

선생님들은 학년이 시작되는 날이면 '우리 반에 몸이 불편한 친구가 있다'고 공지했다. 물론 어린아이들일수록 다름에 대한 경계와 호기심이 무분별한 방식으로 표출될 수 있기 때문에, 어른들의 친절한 설명과 '다른' 친구에 대한 보호는 필요하다. 하지만 '도움이 필요한 친구'와 '친구를 도와줘야 하는 착한 아이'로 역할을 나누는 어른들의 설명은 의도와는 다르게 친구들과 나 사이를 가르는 딱딱한 벽으로 작용하기도 했다.

내게 꼭 필요한 물리적 지원은 대부분 같은 반 여학생들의 몫이었다. 그들은 점심시간에 급식을 대신 받아 주거나 운동장에서 넘어진 나와 함께 양호실에 갔다. 가끔은 선생님이 시켜서, 가끔은 그저 내게 필요해 보여서 그렇게 했다. 남자아이들이 가끔 하굣길에 육교를 건널 때 내 가방을 들어 주기도 했으나, 체육 시간에 느리게 실내화를 갈아 신는 나를 기다리며 실내화 가방을 들어 준 쪽은 항상 여자아이들이었다.

때로 나는 누구보다 가까워야 할 친구들에게 거리감을 느꼈다. 특히 여자아이들은 때때로 나를 도와주는 돌봄자의 역할을 부여받고 거기에 따라서만 행동하는 것 같기도 했다. 그럴 때면 친밀하게 장난을 걸기보다, 친구들에게 예의를 차려야 할 것만 같아 머뭇거려지기도 했다. 얼마 안 가 내가 학교에서 친구들에게 가장 많이 하는 말은 "고마워"와 "미안해"가 되었다. 고맙다는 말은 많이 할수록 좋다고 배웠으나, 혼자 독점하면 벽이 되는 말이기도 했다. "고마워"와 "미안해"라는 방어적인 인사치레는 단단한 벽이 되어 친구들과의 스킨십을 막을 때도 많았다.

사소한 폭력과 나름의 호신술

학교는 주위에 사람이 있든 없든 내 앞길은 나 혼자 헤치고 가야 하는 숲길 같았다. 다른 사람을 존중하면서 친구가 되는 복잡한 기술을 가르쳐 주는 교과서는 없었다. '사이좋게 지내라' '약한 친구를 괴롭히지 마라' 따위의 추상적인 구호는 전혀 도움이 되지 않았다. 우리는 관계라는 집을 잘 짓기 위한 섬세한 기술도 안전모도 없이 서로에게 던져졌다. 그중에서도 다른 아이들보다 안전장치 하나를 덜 달고 있는 셈이었던 내게, 학교라는 공간에서 마주치는 상황들은 공식도 없는 어려운 수학 문제 같을 때가 너무 많았다.

어느 반이든 나를 건드리지 않고는 좀이 쑤시는 남자아이들이 있었다. 남녀가 짝으로 앉아야 했으므로, 나와 짝이 되기 싫은 마음을 대놓고 표현하는 아이들도 있었다. 끝내 내 짝으로 '걸린' 아이들은 나를 짜증스럽게 하는 소심한 심술쟁이로 돌변하곤 했다. 책상 위의 연필과 지우개를 계속 바닥으로 떨어뜨리는 것은 귀여운 장난에 불과했지만 내 짜증을 돋우는 데는 꽤 효과적이었다.

짝의 장난이 시작되면 앞뒤의 다른 남자아이들도 흥미를 보였다. 지루한 수업 시간을 견디는 일종의 유희였다. 짝은 나를 살살 약 올리고, 건너편 자리에선 내 발을 툭툭 건드려 댔다. 은밀한 방에서 이루어진 일도 아니었지만, 선생님과 다른 아이들이 내 자리 주위에서 일어나는 일을 발견하거나 문제 삼은 적은 없었다. 다들 앞뒤 책상 사이 '긴밀한' 관계 안의 일쯤은 그 안에서 해결될 거라고 믿는 것 같았다.

사실은 나 또한 그렇게 믿었다. 무엇보다 '약한 척 쪼르르 달려가 선생님한테 이르는 여자아이'가 되기 싫었다. 그렇다고 나 스스로 문제를 해결할 힘이나 기지를 발휘할 수 있는 것도 아니었는데 말이다. 그러다 내 눈에서 눈물이 흐르기라도 하면, 아이들은 내 눈물방울을 발견한 즉시 내가 '동정을 구걸한다'며 경멸하는 눈빛을 보내곤 했다. 나로서는 선생님도 찾지 않고 낮은 소리로 '하지 마라'를 반복하다 터진 눈물이었지만, 아이들이 내 눈물을 자기들 또래의 자연스러운 눈물로 여긴 적은 없었다. 그건 날 건드리던 남자아이들이나 개입하지 않고 지켜보던 여자아이들이나 마찬가지였다.

남자아이들이 건드릴 때 내가 소리 내어 통곡을 하거나 교실 전체를 시끄럽게 할 만큼 화를 냈다면 친구들과의 관계가 좀 다른 방식으로 진전될 수 있었을까? 하지만 소심하고 자존심이 강했던 나는 또래들의 다듬어지지 않은 몸짓과 표현들을 고스란히 몸으로 받아들일 뿐이었다. 서툰 아이들이 성장해 가는 공간인 학교는 다양한 형태의 폭력과 오해가 벌어지는 곳이다. 그러므로 일상에서 폭력적인 상황에 노출되었을 때 저항하는 법과 관계를 회복하는 법은 서로를 지키는 데 꼭 필요한 호신술 같은 것이었다. 하지만 누군가에게 물어보기에 나는 겁이 많거나 자존심이 강했고, 필수적인 관계의 기술을 미리 가르쳐 줄 준비가 된 어른도 없었다.

나는 나름의 방어기제를 발전시켰다. 나를 놀리는 남자아이들을 보며 속으로 '저것들이 어려서 그래'라고 무시하는 것이었다. 또래 친구들에 대해 그런 생각을 했다는 게 우습기도 하지만, 사실 그리 틀린 생각은 아니었다. 사람은 모두 성장하면서 어느 정도는 타인에 대한 표현을 정제하는 법을 배워 가기 때문이다. 나만의 생각이었다기보다는 보통 남자아이들보다 정서적으로 일찍 성숙하는 여자아이들의 일반적인 태도에 가깝지 않을까 싶다. 어쨌든 내게 물리적 혹은 언어적 폭력을 가하는 남자아이들을 한심하게 보는 관점은 자기 연민에 빠지지 않도록 나 자신을 지키는 데 꽤 효과적이었다.

다른 존재 대신 다른 이유

나의 다름은 일종의 과속방지턱이 되어, 서로 친밀해지는 시간을 지연시키는 요인이 되었다. 어린 우리에게는 꽤 높아 보이는 허들이었다. 하지만 나는 친구들에게 내가 장애인으로만 인식되는 것은 아니라고 느꼈다. 좀 특이하고 도움을 필요로 하긴 했지만, 어쨌든 같은 반 친구이기도 했다. 우리는 같이 등·하교를 하고 농담을 주고받으며 함께 놀았다. 나는 친구들과 함께 놀다가 혼자가 되기도 했고, 혼자 있다가도 어느새 친구들과 함께 걷기도 했다.

친구들이 나를 홀로 남겨 둘 때, 나는 우리가 서로 '다른 존재'여서가 아니라 다른 이유들이 있어서 그렇다고 생각하곤 했다. 정글짐에 올라가야 같이 놀 수 있는데 나는 그럴 수 없으니, 혹은 내가 센스와 유머가 있는 스타일은 아니기 때문에 등등. 그래서 친구들에게서 소외감을 느끼면 나의 '센스 부족'을 탓하기도 했다. 그 생각들은 많은 경우 나 나름대로의 논리적인 상황 판단이었고, 때로는 사람을 신뢰하고 싶은 마음이자 그들을 신뢰함으로써 나의 미래를 지금보다는 밝게 그려 보고 싶은 희망의 표현이기도 했다.

변호사이자 작가이며 장애 당사자이기도 한 김원영은 책 『실격당한 자들을 위한 변론』(사계절)에서, 장애인차별금지법으로는 결코 금지할 수 없는 '매력 차별'에 대해 말한다. 상대적으로 아름답거나 매력적이라고 느끼기 어려운 몸을 가진 사람들에게 매력을 느끼지 못한다는 이유로 누군가를 처벌할 수는 없다는 것이다. 눈에 보이는 몸, 놀이의 중요 수단인 몸은 아이들에게 꽤 중요했으므로, 내가 인기 있는 친구가 되기란 쉽지 않았다.

어른들에게 징징댄다 한들 없던 인기가 생길 리 없고 그런 걸로 안달복달해 봐야 나만 초라해질 뿐이니, 나는 스스로 인기가 없는 이유를 나의 '유머 없음'에 돌렸다. 상쾌한 일은 아니었으나 장점도 있었다. 내가 특정 상황에서 소외되는 원인을 장애에만 돌리지 않을 수 있었던 것이다. 하지만 찬찬히 생각해 보면, 내가 경험하는 부정적 상황이나 관계 문제의 원인이 오로지 내 장애 때문이기만 한 적은 거의 없었다. 친구와 멀어질 수 있는 이유는 수백 가지였다. 남들과 다른 내 몸을 친구들이 낯설어해서, 내가 말실수를 해서, 공기놀이를 못해서, 관심사가 달라서, 우리 집에 친구를 데리고 갈 수 없어서 등….

친구들과 결코 쉽지만은 않은 관계를 이어 나가면서, 나는 '장애 때문'이라는 말은 100퍼센트 진실 혹은 100퍼센트 거짓이 아니라는 것을 배울 수 있었다. 나는 어떤 상황에서도 그것만은 잊지 않으려 했다. 실제로 이 원리는 나를 지키는 데 매우 효과적이었다. 자기 연민에 빠져 상황을 바꾸려는 노력을 잊지 않도록 해 주었고, 노력해도 문제가 해결되지 않을 때는 지나치게 자책하지 않도록 도와주었다.

어른들은 자연스러움에 우리를 맡겼다. 아이들을 신뢰해 주는 어른들이 고마울 때도 많았다. 하지만 '자연스러움'은 늘 비장애인들의 차지이기 때문에, 학교에서의 일과나 친구들과의 우정이 내 생활 속에서 물 흐르듯 이루어지는 경우는 드물었다. '매력 차별'을 금지할 수 없듯이 어쩔 수 없는 부분도 있었지만, 어른들이 개입해 주었어야 할 부분도 있었다고 생각한다. 성인이 된 이후에도 가끔 초등학생 시절의 내게 이렇게 말해 주곤 한다.

"서툴렀을지라도 수고했어. 그 시간을 통과해 줘서 고마워."

5. 사회
We are here for you

인생 최고의 우선순위

운동이 중요하다는 말은 기억이 닿는 첫 순간부터 들어 온 잔소리였다. 재활병원 의사는 운동을 소홀히 하면 시간이 지날수록 할 수 있는 것이 줄어들 수 있다고 했다. 내게는 꾸준한 운동만이 살길인데 병원은 기다리는 사람이 많아 매일 치료를 해 줄 수 없으니, 나 스스로 열심히 해야 한다고 만날 때마다 강조했다. 의사의 말을 듣기라도 한 듯, 내 주위의 어른들도 내게 같은 말을 했다. "운동해야 한다, 바른 자세로 천천히 걸어야 한다, 그런 자세로 앉지 마라…" 모든 어른들이 운동을 내 인생 최고의 우선순위에 두어야 한다고 말하는 듯했다.

실제로 뇌성마비나 근육병을 가진 장애아동들이 치료를 제대로 못 받으면 몸이 더 굳고 뒤틀릴 가능성이 높다. 장애아동이 성장기에 얼마나 꾸준한 관리와 재활치료를 받느냐에 따라 나중의 건강과 삶의 질이 큰 차이를 보일 수 있다. 하지만 내가 어릴 때나 지금이나 장애아동을 위한 한국의 재활 인프라는 열악하기 짝이 없다. 2021년 기준으로도 전국의 장애아동 중 재활치료에 접근할 수 있는 아이는 10퍼센트도 채 되지 않는다. 국내 첫 어린이 전문 재활병원인 푸르메재단 넥슨어린이재활병원이 2016년에야 개원했으니,[2] 내가 아동기를 보낸 1990년대에는 장애아동을 위한 전문병원조차 찾기 어려웠다.

우리 가족이 살던 서울에는 그나마 가까운 곳에 큰 재활병원이 있었고 병원에서는 물리치료, 작업치료를 각각 주 1회씩 받을 수 있었다. 한국에 사는 장애아동 가운데는 운이 좋은 편이었지만, 조금이라도 아이를 더 '고쳐' 보고 싶은 부모님의 눈에 그 정도 치료로는 내 몸에 아무 변화도 줄 수 없을 것 같았다. 엄마는 내 몸을 잡아 주고 돌려 주는 치료사들의 손동작을 따라 해 보려 했지만, 그 고난도의 기술을 어깨 너머로 배우기란 역부족이었다. 병원에서 부모 교육이라도 해 주면 좋았으련만, 당시 그런 프로그램이 있을 리 만무했다.

엄마아빠는 내 몸에 좋다면 무엇이든 해 보고 싶어, 물어물어 찾은 프리랜서 물리치료사에게 하루라도 더 치료를 받게 했다. 바른 자세로 앉고 걸으라고 잔소리도 해 보았지만 나는 아랑곳없이 골목을 뛰어다닐 뿐이었다. 병원에서도 시원한 답을 얻지 못한 부모들에게, 장애인으로 살아도 잘 살아갈 수 있다고 안심할 만한 정보나 이야기를 들려주는 사람도 없었다.

상황이 이렇다 보니 장애아동을 둔 가정에서 온갖 민간요법을 시도해 보는 것은 꽤 일반적인 일이다. 아이를 위해 지푸라기라도 잡아 보려는 심정에서 하는 일이지만, 잘못하면 아이들에게 트라우마로 남는 경우도 많다. 합리적이고 과학적인 사고방식을 갖추고 모험을 즐기는 성격도 아니었던 나의 부모님도 자식 문제 앞에서는 예외가 아니었다. 엄마는 침을 잘 놓는다는 명인의 침술소에 나를 끌고 가거나, 전철을 한참 타고 가야 하는 달동네 꼭대기에서 지압을 하는 할아버지에게 데리고 다니기도 했다. 심지어 내가 아직 아기였을 때 찾아간 어떤 곳에서, 장애를 낫게 할 수 있지만 한 시간 동안은 내가 죽을 정도의 고통을 겪어야 한다는 말을 듣고 도망쳐 나온 적도 있다고 알려 주었다. (그 한 시간을 견디게 하지 않고 도망쳐 준 부모님이 얼마나 고마운지 모른다.)

물은 물이요, 재활은 재활

큰 사고나 부상을 당한 적 없는 비장애인이라면 낯설 수 있는 '재활'이라는 단어는 내게는 그저 '집, 학교, 물'처럼 늘 듣는 일상어였다. 기억이 시작되던 때부터 재활병원에 가는 요일이 정해져 있었고, 재활 운동 열심히 하라는 말을 밥 먹으라는 말처럼 들었다. 재활치료를 받고 운동을 하는 것은 그저 처음부터 내 일이었으므로 하지 않겠다고 버티거나 투정을 부린 기억도 거의 없다.

혼자서도 열심히 해야 한다는 말을 수백 번 들었으나, 놀기도 바쁜데 스스로 운동할 시간이 있을 리 없었다. 바른 자세로 천천히 걷다가는 친구들을 다 놓친다는 걸 잘 알고 있었으며, 안 좋다는 자세로 앉아야 색칠도 더 잘되었다. 나는 올바른 자세보다는 내가 하고 싶은 일을 가장 잘할 수 있는, 가장 편한 자세를 취하곤 했다. 한번은 병원에서 빨간색 교정 신발을 맞춰 온 적이 있었는데, 딱 한 번 신어 보고는 그대로 신발장에 처박아 버렸다. 그 신발을 신고는 절대 친구들과 같이 뛸 수 없을 게 분명했기 때문이다. 다행히 엄마아빠도 그 신발을 억지로 신기지 않았다. 부모님이 보기에도 그걸 신으라 하기에는 무리였나 보다.

재활은 원래부터 당연한 내 일이었지만, 이유를 정확히 알고 한 건 아니었다. 솔직히 내 몸이 '좋아진다'는 게 무슨 뜻인지 나는 잘 이해할 수 없었다. 어른들은 내 몸이 좋아지거나 '낫기를' 바랐다. 하지만 나로서는 처음부터 내 몸이었던 몸이 달라지는 걸 상상하는 일이, 책 속에만 등장하는 우주선을 타는 상상을 하는 것보다 어려웠다. 학교에 들어가 한자 '다시 재'(再) 자를 배운 후에는 이런 생각을 하기도 했다. '재활이 몸을 원래대로 다시 되돌리는 일이라면 내겐 해당되지 않는 게 아닐까? 이게 원래 내 몸인데?' 재활이 의미하는 '원래 몸'은 장애가 없는 몸을 뜻할 테지만, 적어도 그건 원래의 내 몸은 아니었다.

운동하라는 어른들의 말에 토를 달지 않았던 한 가지 이유는, 안 하면 갈수록 나빠질 거라는 말 때문이었던 것 같다. 내가 할 수 없는 것이 늘어나거나 내가 모르는 몸이 되어 간다는 건 좀 무서웠으니까. 어른들은 내 걸음걸이가 점점 더 좋아질 거라는 기대로 재활을 시켰고, 나는 내 몸이 더 나빠지면 안 되니까 군소리 없이 따랐다. 그래서 엄마가 '더 나아질 수 있다'는 기대를 내가 열두 살 무렵에야 접었다는 말을 나중에 듣고 진심으로 깜짝 놀라기도 했다. 나는 늘 빈말로 여기곤 했던 '좋아진다'는 소리를 엄마는 진심으로 소망했다는 걸, 그 말을 듣고서야 실감했기 때문이다.

어쨌든 나는 재활치료를 즐기는 편이었다. 가끔 엄마가 엉뚱한 곳에 데려가는 날에도 무슨 새로운 일이 벌어질지 은근히 설레면서 따라갔고, 친구들과 떨어져야 하는 것 말고는 재활병원도 그리 싫지 않았다. 거북이처럼 느리게 걷기는 좀 짜증스러웠지만, 물리치료 선생님이 내 몸을 늘려 주고 요리조리 움직여 주는 건 싫지 않았다.

작업치료는 여러 도구를 사용해 손 기능을 훈련시켜 주는 치료여서, 작업치료실에는 알록달록한 예쁜 장난감들이 많았다. 그곳에서는 내가 혼자 할 수 없는 종이접기나 블록 쌓기 같은 놀이를 작업치료 선생님과 함께 해 볼 수 있었다. 한번은 친구들을 따라 접어 보려 해도 못 접던 학을 선생님과 함께 접고는 신이 나서 집에 들고 왔던 기억이 난다.

굿 뉴스를 따라

치료의 성과 같은 것을 생각하기엔 어렸으므로, 내게 재활은 가끔은 재미있고 가끔은 지겨운 일상일 뿐이었다. 하지만 엄마는 달랐다. 유명한 병원과 용하다는 곳을 여기저기 찾아다녀도 답답한 마음이 가시지 않던 엄마는 스스로 국내외의 이런저런 치료법과 교육법을 찾기 시작했다. 그렇게 한참을 찾다 눈에 들어온 것이, 국내에는 영재 교육법으로 더 잘 알려진 '도만 교육법'이었다.

도트 카드(Dot Card) 등의 영재 교육법으로 국내에 알려진 글렌 도만(Glenn Doman)은 원래 장애아동들에 대한 독특한 치료법을 연구하는 사람이었다. 도만이 미국 필라델피아에 세운 연구소는 뇌 관련 장애가 있는 아동들을 위한 독특한 프로그램을 개발하고 있었다. 도만은 가족들의 의지만 있다면 끝까지(즉 장애아동들이 최대한 '정상'에 가깝게 될 때까지) 장애아동과 가족에게 필요한 프로그램을 제공하겠다고 했다. 아이에게 해 줄 수 있는 게 더 이상 없다는 말에 지친 엄마가 기다리던 바로 그 말이었다.

호기심은 생겼지만 멀고 먼 미국 동부까지 갈 엄두는 나지 않던 차에, 마침 아빠에게 1년간 해외에서 일할 수 있는 기회가 생겼다. 엄마도 동생을 낳고 육아휴직 중이었으므로 우리 네 식구는 부푼 마음을 안고 미국으로 가는 비행기를 탔다. 내가 초등학교 1학년 1학기를 마친 여름이었다. 한국과는 언어도 다르고 낮과 밤도 반대이며 친한 친구도 하나 없는 곳이었다. 하지만 새로운 것이라면 무조건 설레고 보던 나는 한껏 들뜬 채 엄마아빠의 손을 잡고 낯선 곳에 내렸다. 우리 가족 모두의 삶을 통째로 바꾸어 놓을 만남이 기다리고 있다는 건 까맣게 모른 채 말이다.

네가 다닐 수 있는 학교가 될게

우리가 머물 곳은 뉴저지의 고즈넉한 교외였다. 앞으로 1년간 지낼 집은 드문드문 풀밭과 공원이 있는 동네의 나지막한 연립주택단지 안에 있었다. 먼저 가 있던 아빠 친구의 가족이 근처에 있었으므로 낯선 곳이지만 많이 외롭진 않았다.

도착한 지 얼마 후, 내가 1년간 다닐 가까운 공립 초등학교에 가족이 다 함께 방문했다. 학교 관계자가 학교를 한 바퀴 돌며 이런저런 설명을 해 주었다. 운동장과 강당, 식당 등을 돌아본 후, 영어가 처음인 내게 ESL(English as a Second Language)을 가르쳐 줄 선생님도 만났다. 교실에서는 교장 선생님이 우리를 반겨 주었다. 교장 선생님은 나를 책상에 앉아 보도록 하더니, 내 신체 치수에 맞는 책상과 의자를 제작하겠다고 했다. 얼마 후에 내 몸에 맞는 새 책상과 의자가 교실로 배달되었고, 내가 쉽게 교실 안팎을 드나들 수 있도록 문과 가장 가까운 곳에 놓였다.

학기가 시작되자 담임 선생님 외에 나의 학교생활을 지원하기 위한 선생님 한 분이 우리 교실로 왔다. 흰머리가 듬성듬성 섞인 인자해 보이는 퍼커라 선생님이었다. 선생님은 등·하교, 이동, 식사 등 내게 도움이 필요한 부분을 모두 챙겨 주었고, 내가 도움이 필요하지 않을 때는 매일의 급식비 정산 등 학급 전체에 필요한 이런저런 일도 도맡았다. 선생님은 내가 하기 불편한 활동이 생기거나 혼자서 쭈뼛거리고 있을 때마다 옆에 있어 주었다.

학생들은 매일 아침 스쿨버스에서 내리자마자, 그리고 점심 식사 후에는 무조건 운동장에 나가 놀아야 했다. 교실에 머물고 싶어도 그 시간엔 햇빛을 받으며 뛰어놀아야 하는 게 학교 규칙이었다. 그런데 운동장의 놀이기구들은 다 타이어로 만들어져 있었다. 미끄럼틀도 타이어 산을 기어올라야 탈 수 있었다. 타이어 산을 기어오를 수 없는 내가 탈 수 있는 놀이기구라고는 가운데의 모래 운동장과 좀 떨어진 곳에 덩그러니 놓인 시소 정도였다.

나는 주로 퍼커라 선생님과 운동장 바깥 공터에서 다른 아이들이 노는 걸 지켜보며 시간이 빨리 가길 기다렸다. 심심해서 서툰 영어로 이런저런 이야기를 늘어놓으면 선생님이 다 받아 주었다. 가끔 같은 학교 상급 학년에 다니는 선생님 딸이 우리 쪽으로 놀러오기도 했지만, 선생님과 단둘이 시소를 타거나 이야기를 하며 시간을 보낼 때가 많았다. 그 시간에 선생님이 옆에 있어 얼마나 다행인지 몰랐다.

필요를 함께 찾고 같이 채우다

하루는 사회복지사가 나에게 필요한 서비스를 평가하기 위해 학교에 방문했다. 그는 학교에서의 나의 움직임을 세밀하게 관찰하고 보고서를 썼다. 그는 내가 계단을 이용하거나 스쿨버스에 오르내릴 때는 도움이 필요하고, 색칠이나 가위질 같은 손동작은 좀 힘들지만 수업에 잘 참여한다고 기록했다. 그 외에도 한국에서의 학교생활, 가족과의 관계, 내가 좋아하는 것과 싫어하는 것까지 상세히 조사한 후에, 내게 물리치료, 작업치료, 언어치료 서비스가 필요하다고 권고했다.

미국 초등학교 1학년 교실의 분위기는 한국 학교와 매우 달랐다. 한 반 인원은 스무 명이 채 되지 않았고 각자 공부하는 책걸상 외에 함께 대화하기 위해 둘러앉는 카펫, 선생님과 소그룹 활동을 하는 책상, 미술 활동 등을 하는 작업용 책상과 계산기를 사용할 수 있는 책상 등이 아기자기하게 놓여 있었다. 한국처럼 반 구성원 모두가 하나의 활동을 하는 시간은 오전 오후 각각 한 번씩 있는 카펫 모임 정도였고, 나머지 시간에는 소그룹으로 나뉘거나 각자 교실을 돌아다니면서 그날 해야 하는 활동을 하나씩 해 가는 방식이었다.

미국 학교에서는 학생의 상황에 따라 수업 중간에 다른 활동을 하거나 아파서 결석하는 게 조금도 문제 되지 않았다. 우리 반에 나 말고도 한국에서 온 친구가 한 명 더 있었는데, 우리 둘은 수업 중간에 조용히 일어나 ESL 수업을 들으러 가곤 했다. 한번은 난 별로 느껴지지도 않는 정도의 미열로 퍼커라 선생님에게 이끌려 양호실에 갔더니 바로 조퇴 처분이 내려지기도 했다. 수업을 빠진다거나 아파서 조퇴하는 것에 신경 쓰는 사람은 아무도 없었고, 아직 저학년이어서인지 꼭 나가야 할 진도 같은 것도 없었다.

나는 같은 반 한국인 친구보다 수업 중간에 사라지는 횟수가 좀 더 많았다. 물리치료 선생님이 매주 학교로 찾아와 나를 불러냈기 때문이다. 선생님은 나를 강당으로 데리고 가서 운동을 시켜 주고, 함께 한 운동을 기록해 엄마에게 전달했다. 내가 지겹지 않도록 가끔은 공놀이 등을 하며 몸으로 놀아 주기도 했다. 나는 학교로 찾아오는 물리치료사 외에 다른 치료센터와도 연결되어 작업치료와 언어치료 등을 받았다.

한국에서 나의 필요를 파악하고 그 필요를 채워야 하는 주체는 나와 가족뿐이었다. 흔히 필요를 가장 잘 아는 사람이 본인이라고 생각하기 쉽지만, 당사자라고 해서 구체적으로 무엇이 불편하고 그것을 어떻게 해결해야 하는지 다 아는 건 아니다. 많은 경우 당사자는 그저 불편한 상황에 적응할 뿐이다. 불편을 필요와 연결하고 그 필요를 채울 수 있다는 생각의 회로가 형성되기 전에는, 어떻게든 살아남아야 한다는 생각으로 자신을 다그치며 불편한 현실을 견딘다.

미국 학교에서는 내가 혼자서 어떻게든 적응할 필요가 없었다. 내가 편하게 학교생활을 하도록 돕는 것은 학교와 지역사회, 우리 가족 공동의 목표였고, 내게 필요한 것이 무엇인지도 모두가 함께 고민했다. 미국 학교에서의 경험을 통해, 비장애인 중심의 공간에서 장애인이 경험하는 불편과 불이익에 구성원 전체가 주목하고 이에 대해 적극적으로 해결책을 도모하면, 장애인은 불편함을 견디는 대신 자신의 필요를 충족시키는 가운데 양질의 삶을 누릴 수 있다는 것을 배웠다.

같은 치료법, 다른 관점

엄마아빠는 미국에는 좀더 발전된 치료법이 있지 않을까 기대하면서 나를 병원에도 데려갔다. 하지만 의료적 재활의 방법은 한국이나 미국이나 거의 비슷했다. 한국 병원들도 이미 선진국의 의학적 성과를 빠르게 받아들이고 있었기 때문이다. 새로울 것 없는 치료법에는 실망했지만, 그럼에도 엄마를 감동시킨 것이 있었으니 바로 의사의 태도였다.

나는 미국 병원에서도 문제지에 답을 써야 하는 검사를 받았다. 엄마는 그때를 이렇게 기억했다.

"미국 병원에서는 검사 시간은 재지도 않고, 네가 답을 쓸 때 펜을 어떻게 잡나 유심히 관찰해. 네가 펜을 이상하게 잡는데도 '장애 때문에 펜 잡는 자세가 나쁘다'고 분석을 하거나 고치려고 하지 않아. 오히려 네가 장애가 있는 부분을 어떻게 활용해서 도구를 사용하는지 관찰해."

나를 관찰하던 의사는 손 기능 이상에 대한 의학적 소견을 늘어놓는 대신 나를 칭찬했다고 한다.

"아이가 참 머리가 좋아요. 펜 잡는 동작이 힘드니까 다른 방법을 개발해 냈네요!"

불과 몇 년 전 병원에서 저지능이라는 결과를 받았던 내가, 다른 나라에 와서 의사에게 '참 똑똑하다'는 말을 들은 것이다. 당연하게도 엄마는 의사에게 감동했다.

"'아, 시각이 정말 다르구나!' 싶었어. 거기 의사는 나한테 수치로 설명하는 게 아니야. 네가 하는 여러 행동을 관찰하면서 얘기를 해줘. 그때 우리나라 병원은 아직 장애인과 가족들에 대한 배려가 많이 부족하다는 생각을 하게 됐어."

내가 미국에 오래 살았다면 장애여성에 인종적 소수자라는 이유로 이런저런 차별을 받았을지도 모른다. 하지만 1년이라는 짧은 시간 동안의 경험은 나와 우리 가족 모두에게 신선하게 다가왔다. 한국의 유치원이나 학교에서는 비장애인 친구들의 속도와 기준에 나를 맞추기 위해 혼자 눈치를 보며 아등바등해야 할 때가 많았다. 내게 필요한 서비스를 찾고 장애가 있는 나의 가능성을 발견하는 것은 오로지 부모님의 몫이었다. 나는 늘 어느 정도 민망하고 미안했고 엄마와 아빠는 불안했다. 그런 면에서 미국에 있을 때 우리는 조금은 덜 외로웠던 것 같다. 그곳에서 사람들은 내 불편에 대해서는 우리 가족보다 먼저 그것을 최소화할 방법을 제시해 주었고, 내 미래에 대해서는 우리보다 먼저 절망하지 않았다.

새로운 치료법

어느 정도 미국 생활에 적응했을 무렵, 엄마아빠는 도만 연구소에서 개최하는 사전 부모 교육에 참여하기로 했다. 우리 자매를 잠시 돌보기 위해 한국에서 할머니가 오시자 부모님은 필라델피아로 떠났다. 일주일간 열린 부모 교육에서는 병원에서 듣던 것과는 다른 새로운 치료법에 대해 자세히 들을 수 있었다.

    두 분은 깊은 고민에 빠졌지만, 나에게는 한국에 돌아올 때까지 그에 관한 자세한 이야기를 들려주지 않았다. "한국인들은 사전 부모 교육에 다녀간 적은 있지만, 본격적으로 프로그램에 참여한 사람은 없다더라" 정도의 이야기만 얼핏 들었던 것 같다. 그 말에 나는 '무슨 프로그램인지는 모르겠지만, 뭔가 엄청나고 무시무시한 건가 보다'라고만 생각했다. 할머니가 미국에 머무시는 동안 우리는 틈만 나면 이곳저곳 여행을 다녔고, 나는 그 시간을 즐기기에도 정신이 없었다.

학교를 다니고 여행을 다니다 보니 어느새 시간이 훌쩍 갔다. 미국 학교가 한국 학교보다 자유롭고 편한 면이 있었고 친구들도 생겼지만, 그래도 나는 한국에 돌아갈 날을 기다렸다. 다른 가족들도 보고 싶었고, 어쨌든 한국이 그리웠다. 미국 학교에서의 1학년을 마친 6월의 어느 날 친구네 집에 놀러가 실컷 노는 것으로 헤어지는 아쉬움을 달랬다. 그날 나를 집에 초대해 준 친구, 내가 살짝 좋아하기도 했던 그 남자아이는 우리 가족이 한창 짐을 싸고 있을 때 우리 집까지 찾아와 그날 찍은 사진을 전해 주었다. 한국에 돌아가는 기대감과 정든 친구와 헤어지는 아쉬움이 겹쳐 나는 한참 동안 그 작은 액자를 만지작거렸다.

2부

좌충우돌하며 평범하게

6. 연결
지문이 된 시간

아홉 살 여름, 우리 가족은 한국으로 돌아왔다. 1학년을 딱 한 학기 다니고 외국에 나가 1년을 보내고 와서 학교생활에 잘 적응할 수 있을지 긴장되었지만, 막상 돌아가니 학교는 여전했다. 나를 알아보는 친구들도 있었고 짓궂은 남자아이들도 있었고 미국과는 달리 교실을 꽉 메운 나무 책상도 오랜만이었다.

'이젠 졸업 때까지 여기서 이 친구들과 함께 지지고 볶으며 지내겠지?'

많은 일이 있겠지만 어떻게든 지내며 오랜 친구들을 만들어 갈 곳이라 생각하니 기대 반 걱정 반이었다. 하지만 아홉 살짜리의 평범한 예상은 보기 좋게 빗나갔다. 1년 만에 돌아간 교실에서 고작 한 달 머물다 다시 떠나게 된 것이다. 사실 미처 눈치채지 못했지만, 복학하기 직전에 복선이 하나 있었다.

이상한 제안

한국에 막 돌아와 쉬고 있을 때였다. 하루는 엄마가 이상한 제안을 했다. 마루 이 끝에서 저 끝까지 아기처럼 배밀이로 기어 보자는 것이었다. 세상에는 온갖 종류의 운동이 다 있는 법이므로 딱히 이상하게 여기지 않고 까짓것 한번 해 봤다. 그런데 생각보다 만만찮았다. 나중에 알게 된 사실이지만, 무릎이나 발로 서기 전의 아기들이 몸을 이동시키는 방법인 배밀이는 군대에서 하는 포복 자세와 비슷했다. 전신이 바닥과 마찰을 일으키는 상태에서 팔과 다리 힘만으로 몸을 밀고 나아가는 동작은 중노동에 가까웠다. 그날 한 바퀴 간신히 기고 나자 엄마는 나를 안고 '이 힘든 걸 어떻게 하냐'며 흐느꼈다. 나는 영문도 모른 채 엄마 품에서 땀을 식혔다.

그러다가 개학하고 1-2주쯤 지났을 무렵, 밤에 엄마가 조심스럽게 말을 꺼냈다.

"은영아, 너 학교 안 다니고 엄마랑 운동해 보지 않을래? 그때 했던 거 있잖아, 기는 거. 엄마가 3년 더 휴직할 수 있으니까 딱 3년만. 엄마아빠는 한번 해 봤으면 하는데, 물론 네가 학교 다니고 싶으면 안 할 거야. 네가 싫으면 안 할 거야."

엄마의 의도를 다 헤아릴 수는 없었지만, 엄마와 보내는 시간이 늘어난다는 게 기대되기도 했고, 매우 조심스럽게 말하며 내게 선택권을 준 부모님의 고민의 깊이가 어렴풋이 느껴졌던 것 같기도 하다. 나는 이 선택으로 우리 가족의 삶이 얼마나 달라질지도 전혀 모르는 채,

그러겠다고 천천히 고개를 끄덕였다.

글렌 도만의 인간능력개발연구소

미국의 물리치료사였던 글렌 도만은 제도권 의학이 제공하는 종래의 치료법이 뇌에 손상을 입은 사람과 그 가족을 제대로 돕지 못한다고 보았다. 템플 대학교에서 뇌 손상 환자들에 대한 비수술적 치료에 참여하던 그는 환자와 가족들을 실질적으로 도울 대안적 치료법이 필요하다는 생각을 하게 된다. 그래서 1955년 학습장애 전문가 칼 딜라카토(Carl Delacato)와 함께 대안적 치료법을 연구하고 적용하기 위한 인간능력개발연구소(The Institutes for the Achievement of Human Potential, IAHP)를 설립한다.[3]

도만은 아이들이 본래부터 가지고 있는 잠재력을 깨움으로써 '다친 아이들'(hurt children)을 고칠 수 있다고 주장했다. IAHP는 뇌성마비, 간질, 자폐, 발달 지연, 다운증후군 등 기존 의학에서 별개의 계열로 분류되는 다양한 장애나 질환을 가진 아이들을 모두 '뇌가 손상된 아이들'로 판단했다. 그들은 특히 제대로 된 발달 과정을 거치지 못한 신경조직이 다양한 장애를 유발한다고 보았다.

IAHP의 이론은 어류에서 파충류, 조류나 포유류 등으로 진화해 온 생물 전체의 진화 과정이 인간 태아의 성장 과정 중에 반복된다는 에른스트 헤켈(Ernst Haeckel)의 반복발생설에 근거를 둔다. 즉, 태아가 어머니의 양수에서는 어류의 단계로 존재하다가 점차 포유류로 발달한다는 것이다. 도만은 인간의 발달이 단계를 건너뛰지 않고 차근차근 이루어져야 하며, 발달의 각 단계를 충실히 거쳐야 아이가 정상적으로 자랄 수 있다고 주장했다.

따라서 장애가 있는 아이들이 건너뛰거나 제대로 겪지 못한 발달 단계를 다시 정확하게 밟게 하는 것이 도만 치료법의 핵심이었다. 이러한 원리에 따라 구성된 IAHP의 구체적인 프로그램에는 배밀이 동작을 익히도록 어른들이 아이의 팔다리를 움직여 주는 패터닝(patterning), 아이들이 스스로 하는 배밀이, 무릎으로 기기, 이 외에도 비닐 마스크를 이용한 폐활량 강화 운동, 사다리 철봉 타기, 중력/반중력 운동 등 매우 다양한 운동들이 포함되었다.

도만은 가장 절실한 장애아동과 그 가족들이야말로 일상에서의 치료를 누구보다 효과적으로 수행할 수 있는 주체라고 보았다. 그래서 모든 프로그램을 가정에서 실행하는 것을 원칙으로 하고 연구소는 프로그램을 제공하고 각 가정을 지원하는 역할을 자임했다. 그들은 가족이 포기하지 않는 한 끝까지 그들을 지원하겠다고 약속했다.

결론부터 말하자면 도만의 이론은 과학계와 의학계의 인정을 받지 못했다. 이론의 근간 중 하나인 헤켈의 반복발생설부터 생물학계의 수많은 반박을 받았다. 또한 1960년 도만과 그 동료들이 치료법을 발표한 이후, 소아과 의사들을 중심으로 한 의학계의 우려와 비판이 계속 제기되었다. 그들의 이론은 뇌의 기능이나 인간의 발달 과정, 다양한 장애의 원인 등을 지나치게 단순화시킨 데다, 실질적 효과도 검증되지 않았기 때문이다. 미국 소아과학회는 1968년에 IAHP의 치료

이론에 대해 우려와 경고를 담은 성명서를 발표했고, 1982년에도 이를 다시 한번 확인했다.

성명서에는 도만 이론의 비과학성도 지적되었지만, 소아과 전문의들은 IAHP 프로그램에 대해 또 다른 점에서 큰 우려를 표하기도 했다. 도만은 발달 과정 동작을 수없이 반복하는 것이 신경을 제대로 발달시키는 지름길이라고 주장했다. 인간의 '정상적 움직임'은 그것이 가장 효율적이기 때문에 선택된 방식이라는 것이다. 그러므로 같은 행동을 많이 반복할수록 장애아동도 더 효율적인, 즉 더 '정상적인' 동작을 할 수 있을 거라는 게 그의 주장이었다. 따라서 장애아동과 가족이 다양한 운동의 끊임없는 반복을 강조하는 도만의 프로그램에 본격적으로 참여하려면 모든 일상을 포기하고 24시간 운동과 훈련에만 전념해야 했다. 이는 장애아동의 '치료'를 위해 가족의 삶을 전면 재조정해야 할 뿐 아니라, 어마어마한 재정과 시간을 투여해야 한다는 의미였다. 이에 미국 소아과학회는 이 프로그램이 장애아동의 가정에 과도한 짐을 지움으로써 가정을 재정적 파국에 이르게 할 수 있고, 부모와 자녀, 형제자매 간 관계 또한 망가트릴 수 있다고 경고했다.[4]

가능성에 이끌리다

IAHP는 성실하고 열정적으로 프로그램에 임한다면 다른 사람이 장애를 알아볼 수 없을 정도로까지 '좋아질' 수 있다고 약속했다. 이는 장애인 운동에서 비판하는 '장애의 치료' 또는 정상화 시도의 극단적 모습 중 하나였다. 하지만 장애가 있는 자녀가 앞으로 어떻게 살아갈지 불안한 부모들에게 이 약속은 정말 매력적인 것이었다. 다르게 보이지 않는 것만으로도 이 세상을 살아가기가 매우 수월해진다는 걸 알기 때문이었다.

실제로 도만 치료법에 따라 자녀를 훈련시키고 양육시키려는 부모들이 세계 곳곳에서 IAHP의 문을 두드렸고, 나의 부모님도 그들 중 하나였다. 엄마는 내가 배밀이도 무릎 기기도 전혀 하지 않다가 18개월이 되어서야 걷기 시작했던 것을 기억했다. '정상적인' 발달 과정을 거치지 못한 것이다! 그러니 근육이나 다른 신체 기능이 제대로 발달하지 못했으리라! 도만 이론은 제법 내게 들어맞았고 설득력도 있어 보였다.

무엇보다 나의 부모님을 끌어당긴 건 '아직 더 해 볼 수 있다'는 말이었다. 많은 장애아동의 부모들처럼, 나의 부모님도 가능한 한 어떻게든 나로부터 장애라는 짐을 떨쳐 내 주고 싶어 했다. 완치까지는 어렵다고 해도, 부모로서 할 수 있는 건 뭐든 해 보고 싶었다. 하지만 어렵게 찾아간 병원에서는 '(정상이 되는 건) 불가능하니 포기하라'거나, '재활이 중요하지만 사람이 많아 주 1회밖에 치료할 수 없다'는 말밖에 들을 수 없었다. 그러니 엄마와 아빠에게 '끝까지 함께해 주겠다'는 IAHP의 약속은 그야말로 간절히 찾던 오아시스와도 같았다.

나의 부모님은 평생 튀어 본 적 없는 사람들이었다. 아빠는 고등학교 때까지 사소한 교칙 하나도 어긴 적이 없어 선생님들이 혀를 내두를 정도였고, 엄마도 국민학교 때부터 중요한 심부름을 도맡는 모범생이었다고 한다. 그런 두 분이 나로 인해 평범하고 안전한 길을 포기하기로 한 것이다. 우리는 그렇게, 적어도 당시 한국에서는 아직 아무도 가 본 적 없는 길로 들어서게 되었다.

목표 달성을 위한 하루하루

학교에 복학한 지 한 달 만인 9월 말에 다시 휴학을 했다. 동생을 낳고 미국 생활을 하며 3년의 육아휴직을 다 쓴 엄마는 다시 3년간 간병휴직을 사용하기로 했다. 평생 쓸 수 있는 휴직을 모조리 몰아 쓴 것이다. 그렇게 엄마와 나는 집에 틀어박혀 자나 깨나 운동뿐인 일상을 시작했다.

미국 연구소에는 1-2년에 한 번 정도만 방문하면 되었으므로, 우리는 일단 집에서 가장 기본적인 운동부터 시작했다. 질보다는 양으로 승부하는 IAHP의 프로그램은 시작부터 그 강도가 어마어마했다. 내 기억으로 연구소가 부여한 매일의 목표치는 대략 배밀이 800미터, 무릎 기기 1,200미터, 호흡 운동 30회, 패터닝 8회와 기타 다른 운동들이었다. 그 목표는 아침에 눈을 떠서 밤에 잘 때까지 쉴 새 없이 움직여도 도달할 수 없는 멀고 먼 고지였다. 열이 40도까지 올라도 쉬지 않고 매일의 목표치를 달성했다는 사람들의 수기는 먹고 자고 운동만 하는데도 늘 하루 목표치에 미달하던 우리를 하염없이 작아지게 했다.

무릎 기기는 한 번에 200미터씩, 제일 힘든 배밀이는 100미터씩 몇 차례로 나누어 운동했다. 우리 집은 그리 크지 않은 연립주택이어서 100미터를 기려면 마루에서 방까지 수십 번씩 오가야 했다. 층간 소음을 줄이고 내 몸도 보호하기 위해 아기들이 쓰는 매트를 깔았고, 매끄러운 장판지를 구해 배밀이를 할 때 그 위에 한 번 더 깔았다. 연구소에서는 배밀이와 무릎 기기의 목표 속도도 정해 주었는데, 그 속도를 맞추려면 숨이 턱까지 차도록 달린 후 쓰러질 지경이 되어야 했다. 아빠가 동기 유발을 위해 목표 속도를 달성하면 200원씩 주겠다고 해서 나는 200원을 위해 숨이 넘어가도록 달렸다. 간신히 고지에 도달한 뒤 매트 위에 쓰러지면 아빠는 200원을 손에 쥐어 주었다. 그렇게 200원씩 50번을 받아 만 원을 만들었고, 그 돈으로 아빠와 함께 은행에 가서 첫 통장을 개설했다. 내 나이 열 살에 처음 맛본 돈 벌기의 어려움과 희열이었다.

버겁지만 혼자는 아니었던 시간

어떻게 보냈는지 모를 시간이 흘러, 처음으로 부모님과 함께 필라델피아 연구소에 방문했다. 나를 생고생시킨 장본인들을 처음 만나 보는 셈이었다. 설레기도 하고 두렵기도 했지만, 나를 제일 압도했던 감정은 미안함이었다. 아직 다섯 살이던 동생이 자는 틈을 타 할머니에게 맡기고 부모님과 비행기에 오르는 마음이 그렇게 무거울 수가 없었다.

시간이 지날수록 해야 할 과제가 늘었고, 부모님이 사거나 만들어 내야 할 특이한 운동기구도 자꾸 생겨났다. 우리가 받은 추가 과제는 하루에 구름사다리 오가기 60회, 달리기 1킬로미터, 비탈면에서 구르기 30회, 그리고 일주일에 등산 1회 등이었다. 내가 장애인이라는 것 때문에 가족에게 미안해하지 않으려고 노력했고 엄마와 아빠도 즐거운 분위기를 유지해 주었지만, 나 때문에 가족들이 져야 하는 짐은 계속 무거워지기만 했다.

부모님은 나를 먹이고 격려하고 운동에 필요한 기구를 제작하고 필요한 사람들을 조직했다. 듣지도 보지도 못한 기구들을 아빠는 어떻게든 만들거나 사서 가져왔다. 엄마는 하루 여덟 번씩 세 사람이 필요한 패터닝을 위해 사람들을 구했다. 엄마와 아빠가 어떻게 그 많은 재정과 일을 감당할 수 있었던 건지 지금 생각해도 아득하다.

엄마와 아빠가 바쁘게 움직이는 동안 나는 쉴 새 없이 바닥을 기었고, 그 이상하고 특이한 집에서 다행히 어린 동생도 큰 탈 없이 자라 주었다. 우리는 다른 사람들이 상상조차 하기 어려울 하루하루를 감당해 나갔다. 고맙게도 그 시간 동안 우리 가족은 홀로 분투하지 않았다. 한국에서 우리처럼 사는 사람은 아마도 우리밖에 없었을 테지만, 우리는 수많은 사람들과 연결되어 있었다. 위아래 집의 가까운 이웃, 교회 사람들, 심지어 동네 성당의 봉사팀을 비롯해서 내신 성적을 위해 봉사활동 시간이 필요했던 중학생들까지 와서 하루 8회 패터닝을 도와주었다. 아빠의 친구이신 교회 권사님은 내 몸에 딱 맞는 구름사다리를 직접 제작해 주셨고, 할머니는 기막힌 바느질 솜씨로 내게 필요한 각종 옷이나 보호대를 만들어 주셨다. 큰이모와 피아노 선생님이 한 번씩 나를 데리고 바람을 쐬러 가기도 했다.

운동을 하더라도 신앙생활은 쉴 수 없다는 부모님의 판단에 따라

주일 예배는 꼬박꼬박 나갔다. 내가 참여할 수 있는 거의 유일한 사회였으므로 나는 교회와 사랑에 빠졌다. 설교 시간에 누구보다 집중했고 아무도 해 오지 않는 성경공부 숙제도 꼬박꼬박 했다. 이따금 열리는 성경 퀴즈에서는 아빠가 내 주는 예상 문제를 달달 외워 갔기에 아무도 나를 이길 수 없었다. 또래 친구들 입장에서는 잘난 척하는 재수 없는 아이였던 셈인데, 교회여서 잘 이해받으며 지낼 수 있었다.

이 모든 게 가능했던 건 어쨌든 우리 부모님이 가진 문화자본과 재정적 부담을 어떻게든 감당할 수 있었던 생활수준 덕분이었다. 하지만 주위 사람들이 우리에게 맞춰 기꺼이 관계를 재편해 주지 않았다면 불가능했을 일들이기도 했다. 그 버거운 시간 동안 우리는 한 번도 고립되지 않았다. 많은 사람들이 우리를 지지해 주고 놀라울 정도로 기꺼이 우리의 필요를 채워 주었다. 우리는 하루하루의 필요가 채워지는 것에 항상 놀라고 감격했다. 나와 엄마는 대부분의 시간 동안 집 안에만 있었지만, 고립된 섬이라고 느낀 적이 없었다.

어쩌다 한 번씩 동네 친구들이 놀러 오긴 했지만, 나는 잠깐 놀다 다시 운동을 해야 했으므로 친하게 지내는 친구는 없었다. 그래서 시간이 나면 주로 인형을 상대로 혼잣말을 하며 이런저런 놀이를 하거나 책을 읽었다. 그러다 어느 날부터인가, 밤에 이불에 누워 보이지 않는 하나님을 불러 보기 시작했다. 교회에 다녔지만 하나님에 대해 별생각은 없었는데, 심심할 때 친구와 말을 하듯이 하나님한테 말을 걸기 시작한 것이다. 일상 이야기부터 잘 표현하지 못하는 가족에 대한 미안함과 미래에 대한 두려움까지 나는 하나님에게 두런두런 털어놓았다. 그때마다 하나님이 들어 주고 달래 주는 것 같았다. 하나님과 나는 서로의 뺨에 숨결이 닿는 거리에서 눈을 맞추며 대화를 했다.

우리만의 나이테

우리가 보낸 3년의 시간이 비정상적이고 위태롭고 한쪽으로 치우친 삶이라 해도 할 말은 없다. 사실 맞는 말이다. 장애를 '치료'하고 정상화하려는 지나친 시도와 그것을 빌미로 장애인을 비장애인과 분리시키는 문화의 폭력성을 배우고 나서, 나는 우리 가족이 보낸 3년을 어떻게 정리해야 할지 혼란스러웠다. 정상/비정상 이분법을 해체하기 위해 열심히 싸워 온 장애인 운동의 성과에 비추어 볼 때, 장애인 가정이 일상을 무너뜨리면서까지 '정상'적인 몸을 추구하도록 한 IAHP는 비난을 피할 길이 없다. 우리 가족 또한 정상화에 대한 강박 때문에 사이비에 빠지는 우를 범했다고 해야 할지도 모르겠다.

하지만 나는 그 3년의 시간을 불행하게 기억하지 않는다. 물론 또래들과 함께 보내야 할 중요한 시간을 빼앗긴 탓에, 이후에 친구들이나 다른 사람과 편안하고 좋은 관계를 맺는 데 좀 서툴러진 것은 사실이다. 그럼에도 나는 그 3년을 우리만의 나이테를 새긴 시간으로 이해한다.

3년의 '치료'가 실질적인 신체 기능을 개선해 주었는지는 미지수지만, 기초체력만큼은 분명히 강해졌다. 지금도 가까운 사람들은 내가 한 체력 한다는 걸 다 안다. 또한 어린 나이에 고강도의 훈련에 참여했던 기억은, 웬만한 삶의 문제는 헤쳐 나갈 수 있을 거라는 근거 없는 자신감의 원천으로도 작용했다. 가족에 대한 감사와 신뢰가 깊어졌고, 당연한 듯이 시간을 내어 매주 우리 집을 찾아 주는 이웃들을 통해 세상이 살기 꽤 괜찮은 곳이라는 믿음도 생겼다. 무엇보다 보이지 않는 존재와 처음으로 사귀게 된 시간이기도 하다.

다른 한편으로 그 3년은 좋든 싫든 내 성격과 가치관이 형성된 기간이기도 하다. 그때의 이야기를 빼놓고는 나 자신을 제대로 설명할 수 없기에, 나는 재활로만 점철되었던 그 시간을 부정적으로만 평가하고 싶지는 않다. 물론 어떤 장애인 당사자나 그 가족이 그때의 우리 가족처럼 살겠다고 하면 뜯어말리겠지만, 나와 부모님과 우리 곁의 모든 사람들이 함께 만든 우리의 이야기가 어떤 일률적인 틀에 따라 함부로 평가되지 않기를 바란다.

김원영 작가는 『실격당한 자들을 위한 변론』에서, 인간의 존엄성을 인정한다는 것은 자기 인생의 내러티브에 대한 각 개인의 고유한 저작권을 인정하는 것이라고 설명한다. 오랫동안 사회는 장애인들이 살아온 삶이나 각자의 생각에는 전혀 주목하지 않으면서, 미리 만들어 둔 식상한 이야기의 틀에 그들을 구겨 넣곤 했다. 누군가를 나와 동등한 인간으로 여긴다는 것은, 내 삶의 이야기의 최고 권위자가 나인 것처럼 상대방도 그의 삶과 그 자신에 대해 가장 잘 설명할 수 있는 사람이라는 것을 인정하고 그에게 귀를 기울이는 것이다.

우리 가족이 보낸 3년에 대해 누군가는 이색적이라고, 누군가는 대단하다고 여길 수 있다. 과도한 정상화 노력에 대한 꽤 정당한 비판을 제기하는 사람도 있을 것이다. 다양한 의견이 있을 수 있겠지만, 김원영 작가가 말한 것처럼 나도 내 이야기에 대한 나의 해석을 맨 앞자리에 둬 보기로 한다.

많은 고민 끝에, 이번 장은 우리 가족의 이야기에 함께한 사람들의 저작권을 주장하며 마무리하기로 했다. 사람들은 자신이 놓인 상황을 각자의 방식으로 해석한다. 우리 가족의 선택은 장애 인권이라는 큰 맥락에서는 좋은 선택이 아니었을지 모른다. 하지만 나라는 한 명의 장애인에게는 내가 사랑받고 존중받고 있음을 분명히 알고 느낄 수 있는 과정이었다. 그러므로 우리가 보낸 이상한 시간은 무엇보다 우리 가족의 새로운 지문(指紋)이 형성된 시간이었다.

7. 성장
당연함의 재구성

복학 프로젝트

우리가 끊임없이 운동하는 동안 시간이 흘러 엄마가 복직해야 할 시기가 돌아왔다. 이젠 나도 학교로 돌아가야 했다. 그럼에도 엄마의 마음 한 켠에는 여전히 '정말 이 정도가 최선일까?'라는 질문이 남아 있었다. 그러던 어느 날, 엄마는 우연히 내가 어릴 때 몇 년간 물리치료를 해 주었던 선생님과 마주쳤다. 엄마의 고민을 들은 선생님은 이렇게 답했다.

"어머니, 은영이는 지금 은영이가 가질 수 있는 최고의 몸 상태에 이르렀어요. 더 이상은 어려워요."

그 말에 엄마는 내 몸을 더 '정상'에 가깝게 만들어야 한다는 미련을 깔끔하게 정리하고, 복직을 하기로 마음을 굳힐 수 있었다. 그래서 열두 살 여름부터 온 가족이 동원된 나의 복학 프로젝트가 시작되었다. 도둑놈 심보였지만 목표는 나이에 맞게 5학년으로 복학하는 것이었다. 어차피 3년 전의 선택부터 말이 되는 건 없었다. 안 되더라도 일단은 해 봐야 했다.

우리 집 책장에는 아빠가 여기저기 뒤져서 구해 온 교과서들이 한가득 꽂혀 있었다. 수학은 아빠가 맡았고, 대학생이던 사촌 언니들이 주요 과목 교과서를 훑어 주었다. 언니들의 설명에 고개를 끄덕이긴 했지만, 나도 내가 이해하고 있는 건지 알 수 없었다. 특히 자연(과학) 과목은 아예 다른 세상 이야기처럼 아득하게만 들렸다. 설령 학교에서 허락한다 해도 내가 5학년 수업을 따라갈 수 있을지 확신이 서지 않았다.

개학을 며칠 앞두고 아빠와 함께 학교를 찾았다. 선생님은 일단 테스트를 해 보자며, 내게 5학년 수준의 수학 문제를 몇 개 냈다.

'이런 결정적인 순간에 수학이라니…'

모두 두 자릿수 곱하기 두 자릿수 계산 문제였다. 문제를 기억하는 건, 그때 내가 단 한 문제도 풀지 못했기 때문이다. 나는 두 자릿수 곱하기 한 자릿수까지는 알고 있었지만, 두 자릿수 곱하기 두 자릿수는 배운 기억이 없었다. 아빠는 답답해하며 분명히 많이 풀어 본 문제라고 했지만, 계산 방법 자체가 내 머릿속에서 깔끔하게 지워진 후였다. 제 학년 복학이라는 큰 꿈은 그렇게 멀리 바다 건너로 날아가는 듯했다.

하지만 세상의 많은 일이 그렇듯이 결과가 꼭 실력에 따라 결정되는 건 아니었다. 다행스럽게도 그날 복학에 대해 의논한 선생님이 1학년 때의 나를 기억하는 분이었는데, 특히 우리 엄마에 대해 좋은 인상을 가지고 있었다. 내가 학교에 입학했을 때 걱정이 되었던 엄마가 아동심리 전문가에게 하루 동안 내 학교생활을 지켜보고 자문을 해 달라고 의뢰한 적이 있었다. 그 당시 나에 대한 엄마의 노력에 감명을 받았던 선생님은 어떻게든 내게 유리한 결정을 해 주고 싶어 했다. 선생님은 다정하게 내 손을 잡더니, 내가 풀지 못한 수학 문제의 원리를 설명해 주었다. 그 판국에 수학 문제 계산법 따위가 내 머리에 들어올 리 없었지만, 나는 최대한 초롱초롱한 눈으로 열심히 고개를 끄덕였다. 그 순간에 내가 할 수 있는 유일한 일이었다.

"아이가 이해력이 좋은 것 같네요."

사실 선생님의 설명은 들리지도 않았지만, 고개를 마구 끄덕인 덕분에 가을학기부터 5학년 교실로 등교할 수 있었다. 6할은 4년 전에 불안해하던 엄마가 전문가를 학교에 보낸 덕분이었고, 나머지 4할은 그걸 좋게 기억해 준 선생님 덕분이었다. 나는 이렇게 매번 큰길을 벗어나 도착지를 알 수 없는 샛길로 빠지는 것 같다가도, 어느새 제자리로 돌아와 있곤 했다. 아무리 인적이 드문 길에서도 혼자인 적은 없었고, 누군가가 용케 지도도 없는 나를 항상 좋은 길로 되돌려 놓았다.

포켓몬스터 모르는 전학생

공부부터 친구 관계, 학교 활동까지 부딪쳐야 할 문제가 한두 가지가 아니었지만, 나는 제법 부드럽게 학교로 연착륙할 수 있었다. 선생님은 복잡한 설명은 생략하고 나를 그냥 전학생으로 소개했다. 나를 기억하는 친구들도 있었기 때문에, 잠시 다른 데로 전학 갔다가 돌아온 것으로 대강 정리했다.

다행스럽게도 3년간 빼먹은 학습 진도는 크게 문제가 되진 않았다. 초등학교는 시험으로 성적을 매기지 않으니 다른 사람과 크게 비교될 일도 없었고, 눈치껏 수업을 듣다 보니 그런대로 친구들을 따라갈 수 있었다. 오히려 3년간 엄마랑 싸우면서 교과서라도 펼쳐 보았던 수학이 가장 큰 문제였지만, 수학을 못하는 건 딱히 휴학 때문만은 아닌 것 같았다.

3년의 공백은 공부보다는 친구 관계에서 좀더 크게 드러났다. 또래 사이에서 통용되는 은어와 욕 문화, 연예인에 대한 팬 문화에는 쉽게 익숙해지기 어려웠다. 주로 어른들과 생활하며 가족 드라마나 사극을 보던 나는 수많은 포켓몬스터들의 이름을 도무지 외울 수 없었고, S.E.S.와 핑클 멤버들을 구분하는 데도 애를 먹었다. 하지만 친구들과 조심스럽게 서로를 탐색하는 가운데, 별일도 별 탈도 없이 첫 학기가 지나갔다.

당연함의 재구성

복학한 지 몇 개월 만에 얼렁뚱땅 최고학년인 6학년이 되었다. 초등학교에서 처음이자 마지막으로 온전히 한 학년을 보내게 될 해였다. 학년이 시작하는 첫날은 으레 선생님이 '우리 반에 몸이 불편한 친구가 있으니 잘 도와주라'고 반 전체에 당부하는 것으로 시작되게 마련이었다. 6학년이 되던 날도 마찬가지였지만, 이번엔 약간 달랐다. '우리 반에 몸이 불편한 친구가 있다'고 나를 소개한 선생님은 이어서 분명하고 단호한 목소리로 이렇게 선언했다.

"몸이 불편한 사람의 편의를 먼저 생각하는 건 당연한 일이야. 그러니까 선생님은 앞으로 무조건 은영이에게 우선권을 주고 은영이에게 필요한 걸 먼저 고려할 거야."

나는 깜짝 놀랐다. 어떤 선생님도, 어떤 어른도 그렇게 말하는 걸 들은 적이 없었기 때문이다. 이렇게 말하면 친구들이 나를 미워하지는 않을까 살짝 걱정이 되기도 했지만, 선생님의 당당한 목소리가 내심 싫지 않았다. 학생들에게 나를 '부탁'하는 선생님의 말을 듣고 나를 흘깃거리는 친구들에게 어색한 웃음으로 나 자신을 '부탁'하는 대신, '그래, 내가 바로 그 친구야'라고 살짝 여유 있는 미소를 지어도 될 것 같았다.

선생님이 내게 준 우선권은 청소 당번 면제, 선생님 다음 순서로 내 짝이 내 급식을 받아 주는 것, 그리고 역할 선택의 최우선권이었다. 모두 내게 필요한 것들이었다. 내 짝은 내 것과 본인 것, 두 번 급식을 받아야 했으므로 줄을 기다리지 않도록 해야 했다. 청소 당번은 맡기 어려웠지만 나도 여러 역할 중 내가 할 수 있는 일을 스스로 고름으로써 반에 필요한 역할을 맡을 수 있었다.

나는 1년 내내 칠판을 지우는 역할을 맡았는데, 쉬는 시간마다 칠판을 깨끗이 복구하는 작은 일이 그렇게 뿌듯하고 즐거울 수가 없었다. 6학년 때만큼 학교에서 내 마음이 편했던 적도 드물다. 청소 당번을 하지 않는 것은 좀 미안하기도 했지만, 내가 맡은 분명한 일이 있었기 때문이다. 비공식적인 선의 대신 공적이고 합리적인 방식으로 내 필요가 채워지고, 내게도 구성원으로서의 역할이 부여되었다. 걱정과는 달리 나에 대한 선생님의 조치에 불만을 가지는 학생은 없었고, 나는 당당하게 반의 일원이 될 수 있었다.

필요에 솔직해지는 연습

선생님은 합리적인 방식으로 나를 지원해 줬지만, 나는 아직 나의 필요를 주위 사람들과 이야기하는 것이 어려웠다. 내 급식을 대신 받거나 양호실에 함께 가는 친구에게 미안해서 쭈뼛거리기도 했고, 친구에게 마음을 표현하는 데 소극적이 되기도 했다.

또 이런 일도 있었다. 단체로 혼난 날이면 선생님은 16절지 한 바닥 가득 반성문을 쓰게 했다. 친구들에겐 비교적 가벼운 이 벌은 내게는 꽤 가혹했다. 다른 아이들에 비해 글씨를 쓰는 데 네다섯 배의 시간이 걸리는 내가 반성문을 일과시간 안에 끝내는 건 사실상 불가능했다. 결국 나는 그때마다 시간을 아끼기 위해 글씨가 아닌 이상한 곡선으로 종이를 채우곤 했다. 어차피 선생님이 내 글씨를 다 알아볼 순 없을 테니까. 하지만 아무리 글씨가 이상해도 곡선과 글씨를 선생님이 구분하지 못할 리 없었을 텐데, 선생님은 나를 혼내지 않고 넘어갔다. 그러다 제 발이 저려 선생님한테 제출하는 일기에다 고백하기도 했지만, 그 후에도 한두 번 더 똑같은 수법을 써먹었다. 양심의 가책을 느끼면서도, 그러지 않으면 나 혼자 교실에 남겨질 어색한 상황이 싫었고 친구들과 같이 받는 벌에 나만 더 큰 고통을 감수하기도 싫었다. 선생님은 내가 찾아와 먼저 의논해 주길 기다렸을 수도 있지만, 결국 그러지 못했다. 내 필요를 솔직히 털어놓는 것은 언제나 가장 어려운 일 중 하나다. 성인이 된 이후 꽤 나이가 든 지금까지도 매번 도전정신을 가지고 해야 하며, 틈날 때마다 꾸준히 연습해 두어야 할 정도로 말이다.

한편, 친구 관계는 약간 어색하고 서툰 부분이 있기도 했지만 그럭저럭 잘 지내는 편이었다. 6학년이 되니 특히 여자아이들은 대부분 합리적이고 성숙해서 내가 불안해하거나 크게 걱정할 상황은 없었다. 물론 내 지우개를 계속 떨어트리거나 내 짝이 되지 않게 해 달라고 기도하는 남자아이는 여전히 있었다. 하지만 그런 녀석들은 무시하거나 감정적 대응을 최소화하는 것이 나를 지키는 최선의 방법이라는 것을 이미 알고 있었다. 여자아이들이 가끔 철없는 남자아이들을 타박하고, 선생님은 어쩌다 한 번 지나가듯이 "너희 남자애들 은영이한테 장난치는 거 내가 다 알고 있어"라고 환기시키기도 했다. 하지만 선생님도 친구들도 크게 간섭하기보다 내게 맡겨 두는 편이었다.

선생님은 소풍이나 수련회 등 외부활동에도 나를 꼭 데려가려 했다. 2박 3일로 가는 수련회를 앞두고 걱정이 된 엄마가 나를 집에 있게 하는 게 선생님한테 편하지 않으시겠냐고 해도, 선생님은 나와 꼭 함께 가고 싶다고 엄마를 설득했다. 막상 수련회에 가자 선생님은 크게 나를 걱정하는 내색을 하지 않았는데, 모험놀이 시간에 갑자기 내 옆에 나타났다. 나 혼자서는 절대 통과할 수 없는 신체놀이 코스였다. 하지만 산 하나를 넘어가는 코스 내내 선생님이 내 손을 잡아 준 덕분에, 나도 친구들과 함께 모험을 완수할 수 있었다. 선생님은 그날 내가 당연히 눈치껏 알아서 빠져야 할 프로그램은 없다고, 친구들이 즐긴다면 나도 당연히 즐겨야 한다고 온몸으로 내게 말해 주었다.

선생님은 나를 믿고 맡겨야 할 때와 자신이 든든하게 내 손을 잡아 주어야 할 때를 분간하고 그대로 실천하는 분이었다. 기도하면서 사랑을 표현하고 격려하는 분이기도 했다. 선생님 덕분에 나는 전보다 덜 미안해하며 1년을 보낼 수 있었고, 하고 싶은 게 더 많아진 청소년이 되어 초등학교를 졸업할 수 있었다.

8. 차별
매뉴얼 없이 살아남기

교사 Y: 미지의 입학생

나는 아담한 규모의 중학교에 근무하는 교사다. 이 학교에는 아주 뛰어나거나 문제가 있는 학생도, 교육열이 유난한 학부모도 많지 않다. 교사들은 여유를 가지고 아이들을 좋은 사람으로 기르는 교육을 포기하지 않아도 된다. 나는 이렇게 소박한 우리 학교가 좋다.

올해는 조용한 우리 학교의 전 교사가 새해 벽두부터 긴장하게 되었다. 10년 넘게 장애학생이 없었는데, 웬일인지 두 명이나 입학한다고 통보가 온 것이다. 한 명은 겉으로 티가 나지 않는 장애라 해서 그나마 괜찮을 것 같은데, 한 명은 뇌성마비라고 한다. 어딘가에서 들어 보긴 했지만, 뇌성마비 장애인을 실제로 만나 보는 것은 처음이다.

장애를 가진 아이는 어떻게 가르치고 지도해야 하는지, 그 아이가 과연 학교생활에 적응할 수는 있을지 아는 사람이 없었다. 전체 교사 회의가 열렸지만 다들 묵묵부답이었다. 교육청은 나 몰라라 통보만 했고, 장애학생 교육에 관한 구체적인 지침이나 정보는 내려오지 않았다. 그냥 두고만 볼 수 없어서, 나서서 두 학생 다 내가 책임지겠다고 해 버렸다. 어쨌든 우리에게 온 아이들을 두고 주저하고만 있을 수는 없는 일이었다.

책임지겠다고 큰소리치긴 했지만, 나라고 장애인에 대해 아는 게 있을 리 없었다. 서점을 뒤져 특수교육 책을 몇 권 구하고 여기저기 정보를 찾아봤지만, 정작 내가 원하는 내용은 찾을 수 없었다. 비장애인이 대다수인 학교 환경에서 장애학생을 어떻게 대하고 가르쳐야 하는지 가르쳐 주는 책이나 기관조차 찾기 어려웠다. 내가 섣부르게 괜한 자신감을 부린 것일까?

아이들이 입학할 날은 다가오는데, 우리 교사들은 실제로 어떤 아이가 올지, 그 아이가 무엇을 필요로 하는지, 뭐 하나 아는 게 없어 답답할 뿐이었다. 뾰족한 수가 없던 우리는 문득 '칭찬은 고래도 춤추게 한다'는 문구를 떠올렸다. 그래, 특수교사도 아닌 우리에게 무슨 별다른 기술이 있겠나. 약한 아이일수록 많이 격려하고 사랑하는 수밖에. 사랑을 듬뿍 주면 장애가 있는 아이라도 잘 자라겠지. 텔레비전에도 장애를 극복한 수많은 장애인들이 나오지 않나? 우리 교사들은 이 아이도 힘을 내어 장애를 극복하고 무사히 중학교를 졸업할 수 있도록, 다 함께 끊임없이 격려해 주기로 했다.

증발을 꿈꾼 나날들

중학교 입학식 후에 담임 선생님과 면담을 하고 나온 아빠의 표정이 개운치 않았다.

"담임 선생님이 자기가 책임지겠다면서 두 명을 다 맡았대."

부모님은 뚜렷한 이유도 없이 장애학생 두 명을 한 반에 몰아넣은 학교의 태도를 찜찜해했다. 만나 본 적이 없는 사람들이 나를 특별한 각오로 책임져야 하는 대상으로 여기며 긴 논의를 펼치는 장면을 상상하던 나도 옆에서 착잡한 입맛을 다셨다. 담임 선생님 책상에 꽂혀 있던 특수교육 책을 떠올리니 더 불길해졌다. 긴 교사 회의의 참석자들이나 두툼한 전문서적의 저자도 나를 만나 본 적이 단 한 번도 없는데, 선생님들이 나를 '책임지기' 위해 어떤 준비를 한 것일지 의문이

들었다.

　입학한 지 얼마 되지 않아, 불안한 예감은 현실이 되었다. 선생님들은 수업 시간과 조회·종례 시간을 가리지 않고 친구들 앞에서 나를 칭찬하기 시작했고, 나도 모르는 내 이야기를 반 전체에 들려주곤 했다. 내 경험과는 거리가 먼, 세상 어딘가에 존재하는 '장애를 극복한 장애인'에 대한 에피소드들이었다. 예를 들어 시험이 다가오면 선생님들은 "은영이는 밤을 새워서 공부한단다. 너희 좀 분발해"라며 반 아이들을 채근했다. 벼락치기할 때 빼고는 밤을 새운 일이 없고 선생님들한테 그런 말을 한 적도 없는 나로서는 두 귀를 의심할 수밖에 없었다.

　선생님들이 왜 그러는지 이해할 수 없었지만, 입학한 지 얼마 되지 않았기에 조금 기다려 보기로 했다. 하지만 금세 사라지려니 했던 선생님들의 부자연스러운 태도는 갈수록 더 심해졌다. 선생님들은 나에 대한 납득할 수 없는 칭찬을 늘어놓았고 수행평가에서는 항상 높은 점수를 주었다. 심지어 전교생이 모인 애국조회에서 교장 선생님이 내 이름을 거론하며 근거를 알 수 없는 칭찬을 쏟아부은 일도 있었다. 그날 운동장을 달구는 뜨거운 태양이 나를 증발시켜 주었으면 좋겠다고 생각했다.

　다른 과목 성적은 그럭저럭 중상위권 정도를 유지했지만, 나는 한자 과목에만은 목숨을 걸었다. 한자 선생님이 숙제를 해 오지 않거나 시험 점수가 낮으면 반쯤은 장난식으로 매를 들었기 때문이다. 매주 한자 노트를 채우고 한자를 써서 외우는 숙제는 손 필기가 어려운 내게 고역이었지만 꼬박꼬박 해 갔다. 매를 맞는 것이 무서워서가 아니라, 매를 맞아야 하는데 나서서 매가 면제될까 봐 두려워서였다. 엄마는 선생님한테 과제 양을 줄여 달라고 해 보라고 했지만, 그럴 만큼 여유가 있는 상황이 아니었다.

육체적으로도 정신적으로도 힘들게 준비한 한자 시험은 다행히 쉽게 풀 수 있었다. 그런데 시험 날, 손이 떨리는 나 대신 OMR 카드에 답안을 대신 표기해 주던 감독 선생님이 시험이 끝나기도 전에 내가 만점이라는 걸 알아 버렸다. 선생님은 아직 시험 중이던 반 전체에 그 사실을 알리며 나를 크게 칭찬했다. 손에 쥐가 나도록 한자를 쓰고 또 썼던 내 노력이 수포로 돌아가는 기분이었다.

선생님들의 태도가 효과를 내는 데는 오랜 시간이 걸리지 않았다. 처음에는 나도 친구들도 어안이 벙벙할 뿐이었지만, 불과 몇 개월 만에 친구들의 눈초리는 날카로워지기 시작했다.

1학년 7반 M: 우리는 나쁜 놈들일까?

중학교 생활은 생각보다 수월하다. 선생님들은 합리적이고 반 친구들도 모두 무난한 편이다. 다만 우리 반에 있는 장애인 친구에게 다가가기는 쉽지 않다. 학기 첫날 선생님이 잘 도와주라고 했는데, 나는 그 아이를 어떻게 도와줘야 하는지, 내가 괜히 상처 주는 건 아닐지 무섭다. 그래도 같이 지내다 보면 자연스럽게 친해지겠지 생각했다.

그런데 선생님들이 그 아이를 지나치게 칭찬하는 걸 듣는 게 갈수록 거슬린다. 장애가 있다고 감싸는 심정은 알겠지만, 너무 정도가 심하다. 선생님들이 그 아이를 바라보는 눈빛이 다르고, 수행평가 점수도 매번 높게 준다. 처음엔 별 생각이 없었는데, 이젠 점점 화가 나고 그 아이가 미워지기까지 한다.

우리는 처음엔 뒤에서 삐죽거리다가, 도저히 참지 못하고 단체로 그 아이에게 몰려가 따지기 시작했다. 그 아이는 고개를 푹 숙이고 있다가 미안하다고 했다. 선생님한테 가서 편애를 그만두라고 말하겠다고 하는 그 아이에게, 그래 봤자 다시 욕먹는 건 우리니 그냥 가만히 있으라고 소리 질렀다. 반장인 가은이는 선생님들 잘못이지 그 아이의 잘못이 아니라며 소리 높여 우리를 말렸다. 하지만 화가 잔뜩 나 있던 우리에게 그건 이미 중요한 일이 아니었다.

우리를 흩어지게 한 건 수업 종이었다. 자리로 돌아와 감정을 추스르고 나니 찝찝하고 좀 미안하기도 한 마음이 올라왔다. 따지고 보면 가은이의 말이 맞았다. 그 아이가 잘못한 건 없을지도 몰랐다. 우리에게는 문제를 해결하는 것보다 불공정과 편애에 대한 억울함과 속상함을 푸는 게 더 중요했다. 솔직히 억울하다. 우리는 왜 선생님의 편애를 지켜봐야 하고 그와 비교당해야 하는가? 우리는 장애가 있다고 그 아이를 괴롭히거나 따돌릴 생각이 없었다. 차별한 건 우리가 아니고 선생님들이다. 그리고 그 아이도 관계를 편하게 잘 맺는 스타일은 아니어서, 때로 우리를 불쾌하게 하거나 분위기를 얼어붙게 만들기도 하는 게 사실이다. 처음엔 친해지고 싶었는데, 이젠 모르겠다. 하지만 결국 이 이야기에서 나쁜 놈은 약자인 장애인 친구를 괴롭힌 우리겠지?

하나님 죽지 마세요

친구들이 야속하지만 그들을 미워할 수만도 없었다. 친구들은 '무너진 정의'에 대해 분노하고 있었던 거니까. 선생님들을 미워하기도 애매했다. 사실 선생님 한 명 한 명은 폭력적이지도 않았고, 크게 권위적이지도 않았다. 내가 잘 소통한다면 어디선가 꼬인 매듭이 풀릴 것 같기도 했지만, 어떻게 용기를 내야 할지 알 수 없었다. 내가 선생님들에게 할 수 있는 말은 "선생님, 저 칭찬하지 마세요" "수행평가 점수 낮게 주세요" "저도 잘못하면 벌주세요" 따위인데, 선생님이 "네가 잘해서 그래"라고 해 버리면 그만이었다. 또 친구들 말대로 내가 괜히 잘못 이야기했다간 이상한 데로 불똥이 튈지도 몰랐다. 나는 지혜롭게 소통하지 못하는 스스로를 탓하며, 그저 무기력하게 자리를 지킬 뿐이었다.

내게 자괴감을 더하는 또 한 가지는 나 또한 나를 멀리하는 친구들과 다르지 않다는 사실이었다. 옆 반에 친구들과 상호교류가 힘든 한 친구가 있었는데, 그도 일종의 장애가 있는 것 같았다. 분반 수업 때 왕따인 그와 내가 자연스레 짝이 되었는데, 하루는 친구들이 그에게 눈을 찌푸리며 피하게 되는 사건이 일어났다. 그때 짝이었던 나도 멀리 떨어져, 그가 수치를 느낄 만한 눈빛으로 그를 바라보았다. 그도 나만큼 외로울 것을 알면서도, 내가 그와는 다르다는 표시를 기어이 하고야 말았다. 그러고서 내가 하굣길에 짐짓 친절한 척 말을 걸었을 때, 그 친구는 무슨 생각을 했을까. 나는 다른 학생들처럼 잔혹했고, 사실은 그 외로움을 짐작하기에 다른 누구보다 염치가 없는 사람이었다. 어떻게든 '나도 왕따지만 그와는 달라'를 증명해 내느라 그 친구의 마음 따위는 눈에 보이지도 않았다.

부모님에게 상황을 말하면 함께 해결책을 찾아 주겠지만, 내 장애가 요인이 되어 생긴 관계의 문제를 집으로 가져가는 건 내가 영 할 수 없는 일이었다. 부모님이 마음 아파하는 게 싫기도 했지만, 부모님을 거쳐 내 감정이 증폭되는 게 두려웠다. 관계 속에서 내가 부딪치는 문제들을 감정으로 다 치환한다면 스스로를 지킬 자신이 없었기 때문에, 최대한 나나 가족의 감정을 개입시키고 싶지 않았다.

이 시간에 나를 버티게 해 준 건 입학 선물로 엄마가 구독해 준 청소년 큐티(Quiet Time) 책이었다. 혼자일 때 언제든 달려가 잡을 수 있는 친구였다. 유대와 이스라엘 왕들의 역사가 기록된 성경 본문을 읽으며 그들의 반복되는 죄에도 참고 또 참으시는 하나님을 묵상하다

보면, 나에 대한 하나님의 끝없는 사랑이 느껴지곤 했다.

터덜터덜 집에 돌아와 큐티 책 한 장을 읽고 피아노를 딩동거리며 찬송을 부르면서 속상한 마음을 달래다 보면 눈물이 차올랐다. 그러면 피아노 의자 밑으로 기어 들어갔다. 몸을 작고 둥글게 만들어 날카로운 세상으로부터 나를 차단시키고 하나님을 불렀다. 그러다가 한 번은 이렇게 기도했다.

"하나님, 정말 이러면 안 되는 거 아는데요, 저 그냥 죽여 주시면 안 돼요? 너무 힘들어요. 학교에 나만 없으면 선생님도 친구들도 행복할 것 같아요."

온몸에 힘이 하나도 없었는데, 하나님의 조용한 대답 한마디가 들려왔다.

"많이 힘들지? 죽고 싶을 만큼? 그런데 은영아, 어쩌지? 네가 죽으면 나도 죽을 것 같아. 그러니까 조금 더 살아 주면 안 될까?"

하나님이 죽는다니. 말도 안 되는 소리였는데, 그 순간 왠지 정말 그럴 것 같았다. 내가 죽으면 나를 사랑하는 그분도 사라질 것만 같았다. 나는 몰라도 하나님은 죽으면 안 됐다. 그러기엔 그분이 너무 사랑스러운 친구였다.

"하나님, 안 돼요. 죽지 마세요. 저도 살 테니까 죽지 마세요. 대신 저 조금만 덜 힘들게 해 주세요. 어떤 방식으로든."

그 대화로 끝이었다. 죽기에는 지금까지 하나님과 보낸 시간이 너무 좋았으니까. 앞으로 그분과 보낼 시간도 기대가 되니까. 힘들어 죽을 지경인 건 사실이지만, 그날로 죽고 싶다는 생각은 접었다. 하나님을 떠올리면, 어떻게든 내 삶은 다시 설렘으로 가득하게 될 것 같다. 나는 언제든 혼자가 아니니까.

사실 나와 함께해 준 건 하나님만이 아니었다. 점점 날카로워지는 아이들의 눈빛 틈바구니에서도 내 손을 놓지 않는 친구들이 있었다. 옆 반에 있는 초등학교 동창 영주는 하굣길에 늘 내 얘기를 들어 주고 우리 반 친구들을 욕해 주었다. 우리 반엔 누구보다 용기 있고 똑똑한 가은이도 있다. 공부도 잘하고 성격도 좋고 반장이어서 친구들 사이에서 신뢰가 두터운 친구다. 가은이는 아이들이 내게 몰려와 비난을 퍼부을 때 목소리를 높여 그건 내 탓이 아니라고 말해 주었다. 아무리 친구들의 신뢰를 받더라도 격해져 있는 아이들 사이에서 반대 의견을 자꾸 내는 것은 위험할 수 있는 일인데, 가은이는 나를 위해 있는 힘껏 목소리를 높여 주었다.

그 외에도 은근히 내 이야기를 궁금해하는 친구들도 있었다. 서로 조심조심 접근해 꽤 깊은 얘기를 나누기도 했다. 물론 그런 후에도 쉬는 시간이나 급식 시간에 나는 항상 혼자 남겨졌지만. 어쨌든 친구들도 나를 미워하기만 하지는 않았다. 이런 상황만 아니었다면 나와 좋은 친구가 되었을 아이들이 꽤 많았다. 물론 그래서 더 서글프고 애가 타기도 했다. 하지만 선생님들만 문제인 건지, 친구들이 나쁜 건지, 내가 미련한 건지, 나 자체가 문제인 건지는 도무지 알 수 없었다. 종잡을 수가 없어서 나는 아무에게도 탓을 돌리지 못하고 피아노 의자 밑에 웅크릴 수밖에 없었다.

폭로와 그 이후

친구들의 감정은 계속 악화되었고, 결국 학교 홈페이지 게시판에 익명으로 선생님들과 나의 '눈꼴신' 관계를 고발하는 적나라한 글이 올라왔다. 1학년 모 반의 누구를 선생님들이 얼마나 지독하게 편애하는지, 그 광경이 얼마나 '아니꼽고' '구역질 나는지', 그 '적나라한' 풍경을 전교생에게 '폭로'하는 글이었다.

도저히 홈페이지에 들어갈 용기가 나지 않았다. 생각 끝에 가은이에게 도움을 청했다. 가은이는 다른 아이들 몰래 인쇄한 종이뭉치를 내게 건넸는데 제법 두툼했다. 그러나 스무 장 가까운 내용 중에 나와 선생님에 대한 '폭로'는 두세 장가량에 불과했고, 나머지는 모두 그 글의 게시자를 비난하고 나를 감싸는 댓글이었다. '널 욕하는 사람보다 지지하는 사람들이 훨씬 더 많아'라고 말해 주고 싶었던 가은이가 댓글까지 전부 인쇄해 준 것이다.

길게 이어진 댓글들에는 "나는 길을 가다 그 아이가 넘어지는 걸 봤다. 그런데 바로 벌떡 일어나 걸어가더라. 기특했다" "어려움을 딛고 장애를 극복해 가는 모습을 응원해 주지는 못할망정 이게 무슨 태도냐?" "내가 선생님이라도 예뻐할 수밖에 없겠다" 같은 말들이 써 있었다. 하굣길에 그 글들을 읽고 있자니, 약간의 안도감과 어느 정도의 모욕감과 사라지지 않는 외로움이 한데 모여 뭉글거렸다. 인적이 드문 골목길을 지나다 나는 재빨리 그 종이 뭉치를 하수도 구멍에 쑤셔 넣고는, 아무 말 없이도 푹 안길 수 있는 할머니가 기다리는 집으로 달려

갔다.

    얼마 후, 그 글에 관해 전체 교사 회의가 열렸다는 소식을 들었다. 그러나 회의의 결과를 나나 반 전체에 알려 주거나 사과를 하는 선생님은 없었다. 나에게도, 나 때문에 갈팡질팡했던 친구들에게도 설명과 마무리가 필요한 1년이었지만, 아무 일 없었다는 듯 학년이 끝나고 진급이 이루어졌다. 2학년이 되자 선생님들은 더 이상 공개적으로 내 칭찬을 하지 않았고, 나를 특별대우하지도 않았다.

    내 삶은 한결 평온해졌지만, 선생님들에 대해 어떤 생각을 가져야 할지는 여전히 알 수 없었다. 온통 가시덤불인 황야를 여기저기 헤매다가 또 다른 낯선 광야로 들어선 기분이었다. 험난했던 1년이 그렇게 조용히 사라져 버린 것은 꽤나 큰 충격이었다. 그 시간 동안 내 안의 모든 부분이 달라져 버렸는데, 세상은 그냥 원래 그런 거라는 듯 어물쩍 해가 넘어가고 말았다. 나는 앞으로 어떻게 살아가야 할지 갈피를 잡지 못하겠는데, 다른 사람들은 능숙하고 재빠르게 평온을 되찾았다.

    그 상황에서 내가 간신히 건져 올린 단 하나의 의미는 '다음에 오는 장애인 후배는 이런 상처를 받지 않겠지'였다. 하지만 그마저도 산산이 부서지고 말았다. 선생님이 1학년에 장애학생이 있다고 한번 만나 보라고 했는데, 놀랍게도 그 후배가 지난해의 나와 정확히 같은 고통을 토로한 것이다. 나는 그 상황이 비현실적이라고까지 느껴졌다. 불과 몇 개월 전에 전체 교사 회의까지 열었던 선생님들은 다 어디로 간 것일까? 나는 후배의 말을 그저 멍하니 듣고 있을 수밖에 없었다.

살아남아 소란을 피우는 중

삶에서 어떤 종류의 폭력을 겪고 난 사람들을 수동적인 피해자로만 낙인찍지 않기 위해 '생존자'라는 표현을 사용하곤 한다. 어쨌든 살아남아 이 글을 쓰고 있으니 나도 생존자라고 해야 할 것이다. 실제로 이 살아남음의 경험은 '그때도 안 죽었는데, 이까짓 거야, 뭐'라는 일종의 자신감의 원천이 되기도 한다. 하지만 그럼에도 불구하고 나는 가끔 자문하게 된다.

'과연 나의 무엇이 살아남은 걸까?'

그 시기를 보내고 난 후의 나는 더 이상 의무감이 아닌 자연스러운 감정으로서의 호의를 믿을 수 없었기 때문에 외로웠고, 내가 받은 성적을 있는 그대로의 실력으로 받아들일 수 없었기 때문에 무기력했다. 그 모든 상실을 인정받지도 못했으며, 나의 고통이 다른 사람에게는 이어지지 않기를 바랐으나 내가 건져 보려 했던 최소한의 의미도 처참하게 부서졌다.

하지만 '열다섯 살의 나는 열세 살의 나와 완전히 다른 사람이었다'라고 쓰는 것도 공정하지 못하다. 난 어느 정도는 늘 관계에 자신이 없었고, 내 관계의 문제에는 내 몸뿐 아니라 둔감한 성격도 함께 영향을 미쳐 왔다. 그러므로 중학교 1학년 교실은 모든 사람이 한꺼번에 내게 비난과 멸시의 눈빛을 보낼 수도 있다는 내 깊은 두려움이 현실화되어 나타난 공간인지도 모르겠다.

나는 아직도 나와 함께 같은 상황을 겪었던 사람들 중 그 누구도

가해자라고 지목할 수가 없다. 두려워서가 아니라, 그런 방식으로는 도저히 진실을 담을 수 없기 때문이다. 나는 분명 그때의 최대 피해자였고, 선생님도 친구들도 다양한 방식으로 나를 찔렀다. 하지만 모두가 피해자라고 말하는 것만큼이나, 내 기억에서 쉽게 가해자를 도출해 내는 것도 핵심 문제를 얼버무리기는 마찬가지다.

적어도 당시의 선생님들과 친구들도 갈피를 못 잡아 헤매기는 마찬가지였다. 우리는 모두 처음 서로를 만났고 함께 처음 가 보는 동굴에 들어갔는데, 그 누구도 우리 손에 개략적인 지도 하나 쥐여 주지 않았다. 모두가 다니는 학교이니 장애학생이 입학하는 것도 당연한 일이고, 인생 경험이 적고 관계에 서툰 사춘기 학생들과 처음 장애학생을 만난 교사들이 상처를 주고받는 일도 예상하기 어렵지 않건만, 어디에도 우리를 위한 매뉴얼 하나 마련되어 있지 않았다.

가해자를 지목할 수도 모두가 피해자라 말할 수도 없기에, 나는 내게 남아 있는 큼지막한 자국에 대해서도 어찌할 바를 몰랐다. 너무 오랫동안 나는 내 기억에 대한 방관자로 남아 있었다. 하지만 어느 순간, 나는 내 과거의 시간으로부터 살아남기로 했다. 살아남는 길은 내 입으로 나의 내러티브를 떠들어 대는 것밖에 없었다. 나의 이야기를 내 방식으로 말하고 쓰는 것밖에 없었다. 말하고 씀으로써, 나는 살아남아 오늘까지 소란을 피우고 다니는 생존자의 이름을 지킨다. 그렇게 오늘도 피해자로 박제되기 바로 직전에 간신히 나를 지키기에 성공한다.

9. 공존
그냥 평범했던 햇살

무심함의 소중함

다음 해 학교생활은 한결 평온해졌다. 선생님들은 더 이상 수업 시간에 불필요하게 나를 호명하지 않았다. 주위를 둘러싼 친구들에게 욕을 먹을 일도 없어졌다. 그렇다고 친구 관계가 좋아졌냐고 묻는다면 대답하기가 쉽진 않다. 2학년이 되자, 대부분의 친구들은 내게 예의를 차리기 시작했다. '왕따'에서 '은따'로 한 단계 업그레이드된 것이다. 아무도 나를 이상한 별명으로 부르지 않고 욕도 하지 않았다. 하지만 같이 밥을 먹을 친구나, 소풍 때 같이 다닐 무리를 찾기는 여전히 어려웠다.

작은 눈짓 하나에 설레고 사소한 말 한마디에 내상을 입는 사춘기의 시간이 흘러갔다. 그래도 달력은 별일 없이 잘 넘어가 주었고, 불안하고 우울한 정서도 조금씩 희미해지기 시작했다. 방학이 끝나고 찾아간 3학년 교실에는 반가운 얼굴들이 있었다. 1학년 땐 나를 괴롭히던 아이들을 같이 욕해 주고, 합반 수업에서 함께 농담을 주고받으며 놀았던 친구들 몇 명이 보였다. 내게 유독 날을 세웠던 몇몇 친구들은 보이지 않았다.

나의 학교생활은 몰라보게 유쾌해졌다. 단짝도 생겼고, 이 친구 저 친구와 농담 따먹기가 자연스러운 일상이 되었다. 안정감이 생기고 학교 가는 게 설레기까지 했다. '더할 나위 없다'는 말이 바로 이럴 때 쓰는 표현이란 생각이 들었다.

뻔뻔한 위약, 일상

하지만 늘 그렇듯, 시간은 절대 호락호락 흐르지 않았다. 이젠 좀 평범하게 추억을 쌓을 수 있으려나 싶은 순간에 상실과 슬픔이 또 한 번 덮쳐 왔다. 아빠가 3월 말에 갑작스레 입원을 했는데, 그로부터 한 달 반 만에 하늘나라로 떠나신 것이다. 우리 가족이 아빠의 죽음을 예상하거나 준비하기에는 너무 짧은 시간이었다.

우리는 아빠와의 추억이 정말 많았다. 엄마보다 근무 시간이 자유로운 편이었던 아빠는 학교 학부모 회의에도 참석했고 우리 자매와도 많은 것을 함께했다. 내가 복학한 후에 재활을 어떻게 이어 나갈까 고민하며 나를 병원에 데려가고, 3년 동안 매주 이침(耳鍼)을 맞으러 함께 다닌 사람도 아빠였다. 오를 줄 모르는 내 수학 성적에도 포기를 모르는 전담 과외 선생님이기도 했다. 방학 때면 꼭 한두 번씩 우리를 차에 싣고 가족 여행도 다녔다.

어려운 가정 형편에 고학을 하고 결혼 후에는 장애가 있는 딸이 태어나면서, 아빠는 쉴 틈 없이 일하고 고민하고 움직여야 했다. 우리에겐 한없이 자상하고 부드럽고 여유가 넘쳤던 아빠지만, 사는 동안 해야 할 수고를 너무 빨리 앞당겨 했는지 하나님이 눈 깜짝할 사이에 우리 곁에서 데려가셨다.

아빠를 잃는다는 것이 무엇인지 이해하기도 전에 장례가 끝나고 시간이 흘렀다. 많은 사람들이 우리 가족의 곁을 지켜 주었다. 덕분에 침잠하며 애도할 수 있는 시간은 많지 않았지만, 우울과 슬픔의 무게를 오롯이 견디기에 아직 어렸던 우리 자매에게는 매일 전화해 주고 찾아와 주는 친척들과 교회 사람들이 고마울 따름이었다.

장례가 끝난 지 채 한 달이 안 되었을 때, 한 친구가 자기 아빠 때문에 너무 힘들어 죽을 지경이라고 내게 털어놓았다. 들어 보니 속을 좀 끓일 법한 상황이긴 했지만, 나는 짐짓 어이없는 표정을 지었다.

"얘, 나 아빠 돌아가신 지 한 달도 안 됐거든. 나한테 그런 얘기를 하고 싶니?"

"알아. 미안해. 그런데 이런 얘기 할 사람이 너밖에 없어."

쏘아붙이긴 했지만, 사실 그 친구의 상담 요청은 내게 말할 수 없이 큰 위로가 되었다. 그 순간 그 친구에게 나는 그저 답답한 속을 풀어놓고 싶은 친구였다. 내 몸도 내 슬픔도 우리 사이의 벽이 되지 않았다. 아빠의 죽음이 우리 가족을 압도하던 그 계절에도, 나는 여전히 누군가의 친구로 오롯이 살아 있었던 것이다. 뻔뻔하고 능청스럽게 진행되는 일상만큼, 그때 내 안에 스미든 죽음의 절망에 뛰어난 약효를 발휘한 위약도 없었다.

그냥 옆에 있어서

아빠를 잃은 그 슬픈 해는 아이러니하게도 움푹 파여 있던 내 학교생활에 따스한 햇빛이 찾아온 해이기도 했다. 바야흐로 내 삶이 또래들의 삶, 딱 그만큼 평범해졌다. 그리고 그해에 나는 나연을 만났다.

학기 초 나와 짝이 된 나연은 나의 첫인상을 '이상한 애'로 기억했다. 아직 친해지지도 않은 어느 아침에, 내가 등교하자마자 꽤 깊은 나의 속사정을 마구 떠들어 댔다는 것이다. 물론 내 기억에는 전혀 없는 일이다. 나연은 내가 자신이 만난 모든 사람들 중, 자신이 준비되기 전에 갑자기 다가온 몇 안 되는 사람 중 하나라고 했다. 어쨌든 우리는 얼마 되지 않아 단짝이 되었다. 담임 선생님은 짝 정하는 것을 우리 자율에 맡겼는데, 왁자지껄한 무리에 끼는 데 별 소질이 없었던 나연과 나는 1년의 거의 3분의 2를 짝으로 지냈다. 처음에 나는 그녀에게 너무 갑작스레 다가간 친구였을지 몰라도, 우리의 관계는 늘 물 흐르듯 자연스러웠다.

우리는 별 인사치레도 없이 친구가 되었다. 서로가 필요할 때 서로의 옆에 있는 것만으로도 충분했다. 내 옆에는 나연이 있었고, 나연 옆에는 내가 있었다. 나에게 특별한 주의를 기울이지 않았던 담임 선생님의 태도가 우리 관계에 어느 정도 영향을 주었을지도 모르겠다.

나연은 나중에 내게 "나는 너한테 장애가 있다는 걸 성인이 되어서야 인식한 것 같아"라고 말했다. 우리는 나이 열여섯에 짝으로 만나 서로에게 흘러갔고, 지금도 20년째 여전히 그냥 연락하고 그냥 만나지 않으면 근질거리는 사이다. 그는 어둑했던 내 교우관계에 슬며시 찾아온 조용한 햇살이었고, 기적처럼 계속 내 곁에 머물러 준 나의 '그냥 친구'다.

친구가 될 수 없는 친구 사이

사건 사고가 많았던 중학교 시기는 다행히도 한 편의 청소년 소설처럼 소박한 해피엔딩으로 막을 내렸다. 이제 하나의 학교만 더 거치면 정말로 무사히 성인이 될지도 몰랐다. 새로운 학교에서 다시 처음부터 관계를 시작해야 한다는 생각에 불안한 마음도 있었지만, 어쨌거나 중학교 때만큼 소란스럽기도 어려울 테니 마음을 편하게 먹기로 했다.

입학식 날이면 늘 그렇듯 엄마가 교무실에서 선생님을 만나는 동안, 나는 내가 1년을 보낼 교실을 이리저리 둘러보았다.

'이곳에는 과연 내가 편하게 앉을 자리 하나가 있을까?'

고등학교 교실에서도 큰 무리의 일부가 되기보다는 한두 명의 친구들과 조근조근 수다를 떨며 지내는 편이었지만, 그래도 제법 평온하고 편안한 관계를 맺을 수 있을 것 같았다. 그런데 이번에는 선생님들이 나와 같이 다니는 친구들에게 한마디씩 던지기 시작했다.

"은영이랑 놀아 주다니 착하다."

"은영아, 친구들한테 고마워해야 해."

나와 같이 다니기만 하면 친구들은 금방 선생님들 사이에서 '장애인 친구와 같이 다녀 주는 천사'가 되었다. 선생님들은 공공연하게 내게 감사하기를 강요했고, 내가 친구에게 장난이라도 치면 '네가 친구에게 그러면 안 된다'며 내게 눈을 흘겼다. 하루는 "은영이와 같이 놀아 주고, 네가 착하다"라는 어떤 선생님의 말에 "놀아 주는 거 아닌데요. 좋아서 같이 노는 건데요"라고 퉁명스럽게 답한 친구가 있었다. 그 말이 내게 얼마나 통쾌하고 멋졌는지.

장애인과 함께 다니는 사람은 늘 친구가 아닌 보호자로 여겨진다. 나는 성인이 된 이후에도 친구들과 여행을 떠나는 길에 공항 직원에게서 누가 보호자냐는 질문을 받곤 했다. 휠체어를 이용하는 내 친구는 심지어 영화표 두 장을 자신의 돈으로 예매했는데, 영화관 직원이 친구와만 대화하더라는 경험을 얘기해 주기도 했다. 나는 공항 직원에게 "저 보호자 없어요!"라고 말했고, 내 친구의 친구는 "저 보호자 아니고 친군데요"라고 분명히 알려 주었다고 한다. 장애인과 비장애인이 서로 우정과 도움을 주고받는 동등한 관계가 될 수 있다는 당연한 생각을 못 하는 사람들이 너무 많다.

친구들은 나의 친구로 인정받지 못했고 나는 친구 옆에서도 친구를 잃었다. 그때의 선생님들은 나에 대해 너무 많은 걱정을 하느라, 나도 여느 학생과 같은 10대 여학생이라는 것까지는 생각하지 못했다.

내게도 예민한 10대 후반의 마음이 있다는 것도, 내가 또래와 '그냥 친구'가 될 수 있다는 가능성도 떠올리지 못했던 것 같다. 당시 선생님들에게는 장애인 학생에 대한 상상력이 없었고, 나에게는 선생님들의 태도에서 느끼는 모욕감을 설명할 수 있는 언어가 없었다.

센스 없는 장애인

고등학교는 중학교와 달리 입시라는 큰 산을 함께 넘어야 하는 공동체였다. 선생님들은 나에 대한 걱정과 더불어, 가뜩이나 스트레스가 심할 다른 학생들이 나로 인해 혹시라도 피해를 보지는 않을까 하는 염려도 놓을 수 없었다. 그래서 다른 사람들에게 최대한 피해가 되지 않도록 조심하라고 내게 명시적으로 주의를 주기도 했다. 하지만 내가 조심하는 데도 한계가 있었다. 나의 다른 몸과 다른 몸짓 자체를 불편해하는 사람들에게는 내 존재 자체가 민폐로 여겨지기 십상이었기 때문이다.

하루 종일 교실에서 붙어 있는 친구들로부터 가끔 듣곤 했던 '바른말'은 나를 딜레마에 빠지게 했다. 친구들은 내가 못할 것 같은 동작을 힘들게 시도하는 것도 불편해했고, 그렇다고 너무 많은 도움을 요청하는 것도 귀찮아했다. 내가 무엇을 무리하면서 하고 있는 것 같으면, "제발 자존심 부리지 말고 못하는 건 도와달라고 좀 해. 네가 못하는 거 하겠다고 낑낑대면 우리가 너무 불편해"라고 짜증을 내는 친구들이 있었다. 하지만 내가 그들이 보기에 별것 아닌, 이를테면 교복

단추 끼우고 풀기 같은 것을 계속 도와달라고 하면 어느 순간 "너도 스스로 해 버릇해야지!"라는 잔소리가 들려왔다.

나는 섬세한 손동작이 어렵기 때문에 블라우스 단추 끼우고 풀기, 운동화 끈 묶기 등을 할 수 없고, 손이 떨리기 때문에 액체가 든 컵이나 그릇을 쏟지 않고 옮기기도 힘들다. 하지만 속도가 좀 느리더라도 내 몸집이 감당할 만한 부피라면 운동장 이 끝에서 저 끝까지 운동기구를 나르는 데는 별 문제가 없다. 내가 할 수 있는 일과 그렇지 않은 일을 제일 잘 아는 사람은 나라고 생각했지만, 나는 나 자신에 대한 전문성을 잘 인정받지 못했다. 사람들에게 중요한 것은 내가 정말 그 일을 할 수 있느냐 없느냐가 아니라, 내가 자신들에게 편한 모양과 방식과 속도로 움직이느냐 그렇지 않느냐였다.

민망한 상황을 겪고 이런저런 말을 들을 때면, '내가 장애인으로 산 게 몇 년인데, 아직도 센스가 없구나'라며 스스로를 탓하곤 했다. 비장애인을 이해시키는 것은 늘 장애인의 몫이라 생각했고, 그래서 사람들을 충분히 이해시키지 못한 나 자신에게 책임을 돌렸다. 사람들을 미워하거나 판단하지 않으려는 의도였지만, 어쩌면 오만한 태도였는지도 모르겠다.

결론적으로, 내 의지와는 상관없이, 나는 처음부터 내 몸을 불편해하는 사람들 앞에서 결코 '센스 있는 장애인'이 될 수 없었다. 그뿐 아니다. 나는 비장애인이 흔히 상상하는 장애인의 어떤 범주에도 잘 들어맞지 않았다. 장애인이지'만' 공부를 기가 막히게 잘하지도 않았고, '천사 같고' 순수한 축도 아니었다. 내 몸을 불편해하는 주위 사람들의 마음을 편하게 해 줄 만큼 일찍 현명해지지도 않았고, 들려오는 모든 말을 다 튕겨 낼 정도로 단단한 마음을 가진 적도 없다. 나는 요동치는 성적에 전전긍긍하는 대한민국의 평범한 고등학생이었고, 선생님의 한마디에 속상해지기도 하고 공감해 주는 친구들의 탄성 하나에 금방 기분이 풀리기도 하는 10대 장애여성일 뿐이었다.

입시 성공의 이유?

오지 않을 것 같았던 고 3이 왔다. 담임 선생님은 반에서 일어나는 시시콜콜한 일에는 거의 관여를 하지 않는 분이었다. 청소 감독을 제대로 하지 않아 옆 반 선생님이 우리 반까지 챙기는가 하면, 봄에 정한 자리를 한 번도 바꾸지 않아 1년 내내 짝이 한 명뿐이기도 했다. 그건 소소한 데 관심을 쏟지 못하는 선생님의 성격 때문이기도 했지만, 학교의 경직된 규율을 비웃는 선생님 나름의 실천이기도 했다.

다년간의 학교생활 경험으로 적당히 무심한 선생님이 담임일 때 내 인생이 가장 순조로웠는데, 이번에도 그 법칙은 딱 들어맞았다. 나는 선생님의 관심으로부터 자유로운 교실에서 다양한 친구들을 사귈 수 있었다. 입시에만 집중하는 시기여서 그런지 다들 서로 존중하며 두루두루 편한 관계를 유지하려는 분위기였다. 나도 관심사가 맞는 몇몇 친구들과 어울리며, 쉬는 시간이면 입시 이야기나 세상 돌아가는 이야기로 수다를 떨었다.

학급 일에는 무심한 선생님이었지만 나에게는 '귀인'이었다. 선생님은 고 3이 시작되고 얼마 후부터 내가 가면 좋을 학교를 콕 집어 말하곤 했다. 중상위권 정도에 머무는 내 성적으로 언감생심 꿈도 못 꿀 최상위권 학교였다. 나나 엄마나 학벌은 됐으니 재수나 안 했으면 좋겠다고 했지만, 선생님은 요지부동이었다.

"○○ 대학교 정도는 되어야 너를 잘 키워 줄 수 있어."

선생님의 이 말의 의미를 깨달은 건 대학을 졸업한 이후였다. 장애인이 한국 사회에서 동등한 사회 구성원으로 인정받는 과정에 얼마나 공고한 편견과 차별이 있는지, 학벌주의가 만연한 한국에서 장애인의 삶에 학벌이 미치는 영향이 어느 정도일지 고등학생이었던 내가 알 리 없었다. 하지만 시간이 오래 지난 후에 나는 씁쓸한 입맛을 다시며, 선생님이 내 미래의 실질적인 문제들을 염두에 두고 있었음을 인정할 수밖에 없었다.

절대다수가 대학에 진학하는 한국이지만 장애학생의 대학진학률은 턱없이 낮았다. 당시 특수학교에선 아예 입시교육 대신 직업교육만 이루어졌기에, 대학에 가고 싶은 장애학생들은 장애인에 대한 아무런 지원이 없는 일반 인문계 고등학교에서 버텨야 했다. 내가 대학에서 만난 청각장애인 친구 한 명은, 수업 내용을 거의 들을 수 없음에도 대학에 가기 위해 일반 고등학교에 다녔다고 했다.

장애학생을 선발하는 특수교육대상자 전형이 있는 학교는 많지 않았다. 전형이 있는 학교는 주로 체면상 전형을 설치해야 하는 최상위권 학교들이나 정책적으로 장애학생을 많이 뽑는 한두 곳뿐이었다. 내가 입시를 준비한 해에는 대개 모든 과를 합쳐서 장애인 서른세 명을 선발하는 학교가 많았다. 몇 곳 안 되는 상위권 학교들이 서른세 명씩 뽑는 셈이었으니 다 합쳐도 정말 적은 수였지만, 일반 고등학교를 다니거나 입시 공부에 몰두하기 어려운 장애인들의 지원율은 그보다 더 적었다. 당시까지 경쟁률은 1:1이 채 되지 않았고, 내가 지원한 해에는 1:1이 약간 넘었다.

선생님은 일찍부터 내 기대치를 높여 놓았으나, 결정적으로 나는 수능을 망쳤다. 아쉬웠지만 재수할 생각은 없었다. 대학 이름에 연연하기보다는 하고 싶은 공부를 하면 된다고 생각했고, 재수학원에서 1년을 낭비하고 싶지도 않았다. 하지만 선생님은 상위권 대학 세 곳을 지원하라고 못을 박았다. "선생님이 재수 비용 대 주실래요?"라고 반항도 해 봤다. 하지만 선생님의 근·현대사 수업에 푹 빠져 이미 선생님의 팬이 되어 있었던 나는, 결국 내 성적으로는 절대 갈 수 없는 대학만 골라 지원을 했다.

말도 안 되는 원서들을 내놓고 재수학원을 알아보고 있는데, 합격 발표가 며칠 남은 어느 날 집으로 전화가 왔다.

"저희 학교에 합격하셨는데요. 장애학생이시니 기숙사 입소 우선권을 드리려고 먼저 전화 드렸어요."

나는 특수교육대상자 전형으로 지원한 두 학교에 합격하고, 일반 전형으로 지원한 한 학교에는 떨어졌다. 어안이 벙벙할 정도로 기쁜 일이었는데도, 한편으로는 서글펐다. 제대로 된 지원과 기회가 있었다면 나 대신 합격했을지 모를 다른 장애인 학생들이 있을 것만 같아, 기쁘면서도 못내 속이 상했다.

10. 자유
이야기에 귀를 기울이면

자유의 필수조건

고 3 수험생에게 대학 입학은 곧 자유를 의미했다. 자유로워진다는 희망 하나 붙들고 끝없는 문제들을 풀다 보니 어느새 대학 신입생이 되어 있었다. 대학에 가면 누릴 수 있다는 자유가 구체적으로 어떤 것인지는 아리송한 채였지만, 더 이상 선생님과 친구들 사이에서 애매한 삼각관계에 빠질 일이 없다는 사실만으로도 이미 자유를 다 얻은 기분이었다. 캠퍼스의 건물과 건물 사이를 오가며 맞는 신선한 바람이 나의 자유를 증명해 주는 듯했다.

하지만 자유가 바람처럼 자연스럽게 올 수 있는 것은 아니었다. 나에게 캠퍼스가 진정한 의미에서 자유의 공간이 되도록 해 준 것은 대학의 장애학생지원 제도였다. 2021년 공시된 정보에 따르면 "장애인

등에 대한 특수교육법"에 따라 전국 200여 개 대학에 장애학생지원센터가 설치되어 있다.[5] 하지만 유명무실하게 운영되거나 체계적인 장애학생지원 제도가 자리 잡지 못한 곳이 많다. 다행히도 내가 입학한 학교는 장애학생을 지원하는 것에 대한 고민을 비교적 일찍부터 시작한 학교였다.

학교에 공식적으로 장애학생지원센터가 설립된 시기는 내가 입학하고 2년쯤 지났을 무렵이었지만, 이미 그전부터 학내 사회봉사센터가 장애학생지원 업무를 담당하고 있었다. 학교가 공식적인 제도로 장애학생을 지원한다는 것은 내가 누군가의 불확실한 호의에 기대지 않고도 내게 필요한 지원을 요청할 수 있다는 뜻이었고, 미안함과 민망함 때문에 나의 필요를 축소하거나 혼자 고전하지 않아도 된다는 뜻이었다.

하나라도 더 불편해하기

특수학교가 아닌 일반 초·중·고등학교를 다니는 동안 학교에서 별다른 지원을 받아 본 경험이 없었으므로, 처음에는 내게 어떤 지원이 필요한지조차 잘 몰랐다. 다만 한 학기에 한 번 열리는 장애학생 간담회에는 꼬박꼬박 참석했다. 나 말고도 각 과에 흩어져 있던 장애학생들이 학교생활의 불편사항을 들고 모이는 자리였다. 간담회에 빠지지 않던 학생들은 각자의 불편도 불편이지만, 자신이 한 마디라도 더해서 다른 장애학생도 다니기 편한 학교를 만들어야겠다는 일종의 사명감을 가지고 있었던 것 같다.

　간담회 때 가장 많이 나온 항의는 '장애인 지원의 가장 기본이 접근성인데 지원센터가 5층 맨 끝방에 있는 것은 너무하지 않느냐'는 것이었다. 장애학생 중 가장 수가 많았던 청각장애학생들은 도우미 학생이 수업에 같이 들어가 강의 내용을 타이핑해 주는 수업 내용 속기 서비스를 많이 받았다. 속기용 노트북을 때마다 빌리고 반납하는 것은 장애학생의 몫이었는데, 노트북은 무게가 꽤나 무거울뿐더러 노트북을 보관하는 사회봉사센터는 최고층인 5층에, 엘리베이터에서 가장 먼 끝방에 있었다. 청각장애학생들은 수업 때마다 무거운 노트북을 짊어지고 캠퍼스를 누벼야 했고, 필기 속도가 느려 답안을 노트북으로 타이핑해야 하는 나도 시험 기간이면 그 무게를 져야 했다. 처음엔 담당자들도 미안하다는 말밖에 하지 못했지만, 장애인차별금지법이 시행되어 같은 건물 1층에 독립적인 장애학생지원센터가 개소하면서 문제가 해결되었다.

　나도 시간이 지나면서 안 되더라도 찔러나 보자는 심정으로 이런저런 문젯거리를 모아 가기 시작했다. "학생식당에서 혼자 밥을 받아서 먹을 수 없는데 식사 도우미를 지원받을 수 없을까요?" 물어보기도 했고, 캠퍼스에서 난간이 없는 계단을 발견하면 기억해 뒀다가 난간 설치를 요청했다. 비장애인들 틈에서 이가 없으면 잇몸으로 사는 데 익숙해져 있었지만, 그 습관을 그만 버려 보기로 했다. 내 필요를 말하는 것이 다른 누군가에게 유익일 수 있다고 생각하니, 내 몸의 이야기도 꽤 소중한 것일지 모른다는 생각이 들었기 때문이다.

지옥에서 천국으로 옮겨지다

3학년 때부터 본격적으로 필기 도우미 서비스를 이용하기 시작했다. 필기는 내게 늘 고역이었다. 학창시절에는 내가 힘들게 쓴 노트 글씨를 알아보지 못해 친구의 노트를 복사해야 했던 적도 많았다. 대학에 와서 필기 도우미 서비스를 알게 되었지만, 주로 청각장애학생들이 이용했기에 내가 이용할 수 있다는 생각은 하지 못했다. 그러다 나도 필요하면 얼마든지 지원받을 수 있다는 센터 선생님의 조언에 힘입어 도우미와 함께 수업에 들어가기 시작했다.

필기 도우미 서비스는 말 그대로 나를 '지옥에서 천국으로' 옮겨 주었다. 수업 시간마다 땀을 뻘뻘 흘리며 손에 쥐가 나도록 쉴 새 없이 필기를 해도 글씨는 엉망이고 내용도 빼먹기 일쑤였는데, 도우미가 필기를 도와주자 수업 시간이 그렇게 우아해질 수가 없었다. 강의하는 선생님 얼굴을 쳐다보며 농담에 반응할 수 있었고, 도우미가 예쁘게 정리해 준 노트에 내 아이디어를 덧붙일 수도 있었다. 시험을 준비할 때도 한결 수월하게 요점을 파악한 건 물론이다. 대학의 필기 도우미 제도는 확실히 내 삶의 질을 높여 주었다. 도우미와 수업을 듣다가, 이런 공식적인 지원 제도가 초·중·고에도 있었다면 혹시 내가 더 행복했을지 문득 상상해 보곤 했다.

내가 할 수 있는 것과 없는 것을 나 아닌 다른 사람이 지레 판단하지 않는 것, 내 이야기를 이상하게 여기지 않고 있는 그대로 들어 주는 사람이 있다는 것. 이것이 내가 대학에서 처음 경험한 자유의 정의

(定義)였다. 그런데 내 몸이 자유를 알도록 해 준 건 장애학생지원 제도만은 아니었다.

내 이야기의 저작권이 돌아오는 시간

대학에서 해 보고 싶은 활동은 수천 가지였지만, 우선 기독교 동아리는 하나쯤 가입해야겠다고 생각했다. 하지만 기독교 동아리 활동은 '동아리 하나쯤'이 아니었다. 내 대학 생활의 70퍼센트 이상이 그 활동으로 채워졌기 때문이다. 토익과 각종 자격증 시험에 열을 올리는 대신, 동아리 친구들과 나는 두 평 남짓한 동아리방에 틀어박혀 서로의 삶을 나눴다.

한 학기에 한 번 소그룹이 새로 짜일 때면, 그리고 여름 겨울로 연합 수련회를 갈 때면 태어나서부터 지금까지 각자의 연대기를 풀어냈다. 처음 이야기할 때는 자기 삶이 시시해 보여서, 20년이 10분 만에도 흘러가곤 했다. 그러다 누군가 내 삶에 공감해 주고, 나도 몰랐던 나의 상처를 발견해 주고, 나를 대견하게 여겨 주는 경험을 하면 서서히 감정의 밸브가 열렸다. 그 안에서 1년쯤 보내고 나면 인생 이야기가 40-50분으로 늘어나고, 눈물과 콧물은 필수로 따라왔다.

동아리에서 만난 친구들은 내가 속 깊이 꾹꾹 눌러 두었던 감정을 꺼내게 해 주었고, 때로는 분노하고 화내도 된다고 이야기해 주었다. 내가 울면 함께 울고 내가 화내면 나보다 더 분노해 주는 이들의 반응을 접하며, 구겨져 있던 나의 일부가 서서히 피어나는 것을 느꼈다. 내가 모든 문제의 원인이 아니었고, 나만 늘 폐가 되는 존재도 아니었다. 장애가 아주 심하지 않아서, 많은 사람들의 도움과 자비를 입어서, 혹은 그 밖의 온갖 이유 때문에 다물고 있었던 입을 열고 내 이야기의 저작권을 회수해 오는 시간이었다.

우리는 쉼 없이 서로의 이야기를 들었다. 우리 사이를 잇는 끈이 끊임없는 이야기였으므로, 우리는 서로를 단순화하거나 기호화하는 잘못을 최소화할 수 있었다. 그건 나의 장애에 대해서도 동일하게 적용되었다. 친구들은 나를 '장애인'이라는 하나의 단어에 박제하지 않았고, 그렇다고 내가 장애가 없는 것처럼 행동하지도 않았다. 장애는 그들이 사랑하는 나의 특성이자 나를 만든 이야기의 중요한 재료 중 하나였다.

그렇게 몇 년 보내고 나니, 그럭저럭 내 안에 있는 이야기의 윤곽을 편안하게 그릴 수 있게 되었다. 친구들과 서로의 짠 내 나는 이야기를 닳도록 공감하고 분석하고 위로한 후였다. 내 이야기에 편해진다는 건 나 자신을 편안하게 여기게 된다는 뜻이었고, 내 이야기의 저작권을 확실히 한다는 건 타인과의 관계에서 덜 흔들릴 준비가 되었다는 뜻이었다. 이렇게 예전보다 단단한 사람이 되는 일은, 무작정 감사와 사과를 남발하는 대신에 내 앞에 선 누군가에게 더 진실해지는 일이기도 했다.

장애학생지원 제도는 나의 필요에 당당해지도록 나를 연습시켰고, 친구들과 둘러앉았던 동아리방은 클리셰의 점령으로부터 내 이야기를 지킬 수 있도록 마음의 근육을 키워 주었다. 사람에게는 누구나 다른 사람이 필요하듯이, 이야기가 자라고 생명을 유지하기 위해서는 다른 이야기들에 둘러싸이는 것이 필수적이다. 나의 이야기는 나와 비슷하거나 나와는 전혀 다른 이야기들과 끊임없이 영양분을 주고받아야만 살아 있을 수 있었다. 그중에는 내 이야기가 뿌리박고 있는, 내 이야기가 태어나고 자라고 자양분을 얻는 크고 따뜻한 이야기도 있었다.

11. 신앙
그와 함께 만드는 이야기

교회 안의 장애 혐오

내 주변 장애인들 중에 교회라면 고개를 절레절레 흔드는 사람들이 꽤 많다. 다들 교회에 한두 번씩 '당해 본' 경험이 있기 때문이다. 청각 장애를 가진 내 친구는 어느 날 갑자기 동네 장애인들을 전부 교회로 불러 놓고 "당신은 사랑받기 위해 태어난 사람"을 수어로 공연하는 교회를 '극혐'한다고 했다. 길거리의 전도자들은 지나가는 장애인들을 기가 막히게 포착한다. 장애인들을 불행하거나 사랑받는 게 무엇인지 모르는 사람이라고 상정하고, 네가 모르는 행복을 주겠다는 전도자들의 태도는 불쾌하기 짝이 없다. '너희는 가진 게 없으니 신밖에 의지할 데가 없지?'라는 가정에는 코웃음만 나온다.

장애인들이 교회로부터 당한 일에 대한 '간증'을 들으면 억울함과 모욕감이 올라온다. 교회가 장애인들에게 보인 그러한 태도는 일차적으로는 장애인들에 대한 모욕일 뿐 아니라, 나를 포함한 수많은 장애인들을 사랑하시고 그들과 소통해 오신 분에 대한 모욕이다. 하나님과 내가 맺어 온 관계를 이상한 방식으로 왜곡하는 편견만큼 나를 분노하게 하는 것도 드물다.

교회 안에 퍼져 있는 장애에 대한 왜곡된 관점은 장애인을 교회에서 내쫓고, 교인들이 일상에서 만나는 장애인들에게 무례를 범하게 만든다. 장애인들이 교회로부터 거리를 두고 싶어지게 하는 전형적인 몇 가지 태도가 있다.

- 장애를 죄의 결과로 여기거나, 장애가 '낫지' 않는 이유를 모두 믿음이 부족한 탓으로 돌리며 장애인 당사자와 가족을 정죄하는 태도.
- 장애를 '하나님의 특별한 선물' 혹은 '하나님이 주신 특별한 고난'이라고 말하거나, 장애인을 '천사' 같은 특별한 존재로 여겨서 제멋대로 '은혜 받는' 태도.
- 장애인을 자신이 선을 행할 기회와 대상으로만 여기는 태도.

다행히 평생 교회를 다니면서도 나의 장애를 나나 내 부모님의 죄의 결과로 몰아붙이는 사람은 만난 적이 없다. 하지만 열심히 기도하면 장애가 나을지도 모른다는 '믿음의 조언'과, '하나님은 너를 특별히 사랑하신다'라는 확신에 찬 탄성은 가끔 들었다.

장애가 낫도록 기도하는 것이 진정한 믿음일까? 어릴 때는 정말 헷갈렸다. 실제로 하나님은 전능하시니 그분이 원하시면 물리법칙도 뛰어넘을 수 있고, 필요하면 장애인을 비장애인으로, 비장애인을 장애인으로 만드실 수도 있다. 하지만 하나님은 과연 장애인이 비장애인이 되는 걸 원하실까? 그건 무조건 선한 일일까? 장애를 고쳐 달라는 기도는 정말 마땅한 기도일까?

혹시나 싶어 한두 번 그런 기도를 해 보기도 했다. 하지만 그것 말고도 친구 관계, 학교 성적, 가족들이 겪는 문제 등 하나님한테 해결해 달라고 할 문제가 한두 가지가 아니었다. 장애가 '낫는다'고 해서 이 많은 문제들이 해결될 것 같지도 않았다. 더 정확히 말하면, 나는 내 장애가 '낫기'를 별로 바라지 않았던 것 같다. 가능해 보이지도 않는 그 기적은, 적어도 내게는, 내 인생과 하나님과의 관계를 낭비해 가며 추구할 정도로 매력적이지 않았다.

특별한 사랑의 증거?

'하나님이 너를 특별히 더 사랑하셔서 장애를 주셨다'는 말이나, '너의 장애와 고통을 통해 하나님과 더 가까워질 것'이라는 예언도 나를 갸우뚱하게 하기는 마찬가지였다. 하나님은 정말 나를 특별히 사랑하신다. 하지만 하나님은 '하나님이 너를 특별히 더 사랑하신다'고 말하는 그 사람도 매우 특별히 사랑하신다. 덮어 놓고 내 장애가 고난이라고 확신하는 믿음이 어디서 왔는지 굳이 물을 필요는 없겠지만, 사랑을 해 본 사람이라면 누군가를 너무 사랑해서 그에게 고난을 준다는 말이 어불성설임을 잘 알 것이다. 물론 우리는 고난이나 고통이나 외로움 중에 하나님을 더 깊이 만나는 경험을 하곤 한다. 하지만 그건 평안할 때 하나님을 간절히 바라지 못하는 우리의 연약함을 보완해 주는 방편일 뿐이지, 고난만이 하나님을 만나는 유일하거나 제일 빠른 길은 아니다.

실제로 나는 장애 때문에 경험하는 몸의 연약함을 통해 하나님의 마음을 느낄 때가 많다. 하지만 그렇다고 장애를 가지지 않은 사람이 나보다 하나님을 더 모른다고는 생각하지 않는다. 그렇게 말하는 것은 각 개인에게 다가가시는 하나님의 능력과 열정을 인정하지 않는 것이다. 하나님은 우리에게 몸을 비롯한 각자의 조건을 주셨고, 우리는 그것을 시작으로 그분과 함께 각자의 인생 책을 만들어 간다.

하나님은 누군가를 더 특별히 사랑해서 어떤 악조건을 주는 왜곡된 사랑을 하시는 분이 아니다. 나는 하나님이 내게 주신 몸 때문이 아니라, 내 몸을 비하하고 모욕하는 타인과 사회, 거기에 휘둘리는 나 자신 때문에 고통스러웠다. 하지만 그 고통 가운데 찾아오신 하나님은, 나나 다른 누군가의 죄 때문에 혹은 당신을 기억하게 하기 위해 나를 고통스럽게 했다고 둘러대시지 않았다. 그분은 오히려 나보다 더 고통스러워하시며 내게 자신을 내어 주셨다. 중학교 때 따돌림 때문에 죽고 싶다고 하는 나에게, 하나님은 '자살은 죄'라고 말씀하시는 대신에 깊은 흐느낌으로 흔들리는 당신의 어깨를 보여 주셨다.

나는 고통을 이용해 나를 조종하시는 하나님의 능력이 아니라, 내 상황 속으로 깊숙이 들어오셔서 피 흘리고 슬퍼하시는 하나님의 고통을 통해 그분을 더 깊이 알아 갔다. 그러므로 하나님이 그분의 특별한 사랑을 느끼게 하기 위해 장애를 주셨다는 말은 내 몸과 삶에 대한 모욕이다. 그 말은 또한 장애인을 차별하는 인간의 책임을 하나님께 전가하는 것이 될 수도 있다.

장애가 은사가 되도록

하나님은 이름 대신 번호나 진단명으로 우리를 부르는 분이 아니시며, 어떤 공식을 여러 존재의 삶에 일괄 적용하는 분도 아니시다. 그분은 한 명 한 명을 다르게 창조하시고, 각자의 삶마다 새로운 드라마를 상상하시는 재기발랄한 예술가시다. 하나님은 내가 나의 몸으로 태어나도록 계획하셨다. 하나님이 내게 주신 장애는 불필요하게 추가된 삶의 고통이 아니다. 독일의 개신교 신학자인 위르겐 몰트만(Jürgen Moltmann)은 오히려 이렇게 말한다.

> 성령의 은사들은 주께서 어떤 사람을 부르실 때, 그 사람이 있는 상황 자체로부터 생겨납니다: "오직 주께서 각 사람에게 나눠 주신 대로, 하나님께서 각 사람을 부르신 그대로"(고린도전서 7장 17절). 따라서 유대인 됨도 성령의 은사이고, 이방인 됨도 성령의 은사입니다. 결혼한 것과 결혼하지 않은 것 모두가 그리스도 공동체로의 소명으로부터 생겨난 성령의 은사입니다. 결과적으로 장애인 됨도 그 장애인이 하나님의 상(Bild)

과 세상에서의 빛이 되도록 부름을 받은 것이라면 장애의 형태가 어떠하든 성령의 은사인 것입니다.[6]

몰트만은 장애인은 비장애인과 전혀 다른 특별한 존재가 아니며, 장애인 역시 죄인인 인간이라고 말한다. 그 대신 그는 유대인인 것, 이방인인 것, 혹은 남자나 여자인 것이 각자에게 주어진 '은사'(gift)이듯, 누군가가 비장애인이거나 장애인인 것 역시도 은사가 될 수 있다고 고백한다. 은사란 우리가 서로 도울 수 있도록 하나님이 각자에게 주신 선물이자 섬김의 도구다. 하나님은 때로 신비로운 성령의 역사를 통해서도 은사를 부여하시지만, 대개의 경우 각자 태어날 때부터 가진 속성과 살면서 갖게 된 재능이나 기술, 지혜를 활용하도록 도우신다. 그렇기에 우리는 장애가 특별하다는 인식에서가 아니라, 장애가 인간이 가질 수 있는 하나의 속성이라는 인식에서 '장애도 은사'라고 고백할 수 있는 것이다.

주의해야 할 점은, 어떤 특성도 그 자체로 은사일 수는 없다는 것이다. 여자로 태어난 사람에게 (과거에 여성들에게 강요되곤 했던) '여성스러움'의 방식으로만 세상을 섬겨야 한다고 말할 수 없는 것과 마찬가지다. 장애가 있는 몸 자체가 은사라고 말하는 것은 장애인이 겪는 불편과 고통에 눈감는 것에 대한 변명으로 이용되기 십상이다. 장애인이 실제 삶에서 경험하는 고통과 차별을 '은혜'라는 이름으로 가려서는 안 된다.

장애도 은사라는 고백은, 자신의 조건과 함께하는 삶을 기꺼이 감당하며 살아가는 장애인의 삶과 섬김이 공동체에 유익을 끼칠 수 있다고 인정하는 것이다. 이것은 그 과정을 도우시는 분 때문에 가능하다. 하나님은 우리 각자에게 어떤 조건들을 허락하신다. 그리고 각자 그 조건을 수용하여 주체적인 삶을 살아가는 과정에서 공동체를 위한 아름다운 은사가 개발될 수 있도록 도우신다.

나의 조건을 수용하는 과정이 이웃을 섬기는 은사가 되기까지 내게는 오랜 시간에 걸친 복잡한 과정이 필요했고, 그 과정은 여전히 진행 중이다. 성격이 급한 사람들은 이야기를 끝까지 듣지 않고 '이상한 불운'같이 보이는 나의 첫 조건만 기억하곤 한다. 하지만 사태의 전말을 제대로 알기 위해서는 잠자코 전체 이야기를 기다려야 하는 법이다.

이야기는 정육면체가 아니다

이야기는 곧 관계고 관계는 곧 이야기다. 한 사람의 이야기는 다른 존재와 연결됨으로써 시작되며, 서로의 이야기를 주고받지 않고는 연결될 수 없다. 모든 이야기는 각각 특별하기에 '1+1=2' 같은 수식처럼 기호화될 수 없다. 이야기는 이야기될 수 있을 뿐이다. 이야기는 알고리즘이 될 수도 없다. 자유 의지를 가진 이야기 안의 주인공들이 어디로 튈지 알 수 없기 때문이다. 그러므로 이야기는 서로에게 집중하는 관계를 통해서만 파악될 수 있고, 저마다 다른 이야기를 간과한다면 관계는 제대로 연결될 수 없다.

여러 신학자들을 통해 배운 바, 복음도 무엇보다 '이야기'다. 하나님은 세상을 창조하심으로써 자신의 이야기를 시작하셨고, 창조물인 우리를 그 이야기 속으로 초대하셨다. 또한 예수님의 등장은 끊어졌던 관계를 다시 이으려는 화해의 손길일 뿐 아니라, 무너지고 왜곡된 이 세상의 각종 관계를 회복시킬 새로운 이야기를 다시 만들자는 초대의 손길이었다. 복음이 공식이 아니라 이야기인 이유는, 하나님께서 예수 이야기로 시작된 구원을 한 명 한 명과 독특하게 맺으시는 관계를 통해 완성해 가시기를 기뻐하시기 때문이다.

정말 그랬다. 하나님은 내가 어릴 때부터 나의 이야기 속에 함께하셨고, 나는 하나님의 큰 이야기 안에서 내 이야기가 어디쯤 위치하는지 찾곤 했다. 내가 불쾌했던 순간은, 하나님과 내가 함께 만드는 이야기를 궁금해하지도 않는 사람들이 딱딱한 공식 안에 그분과 나를 가두려 하는 순간이었다. 장애인의 몸의 다양성을 감당할 생각이 없는 사람들은 장애인의 몸을 기호화하여 숨겨 버리지만, 하나님과 나는 그 폭력조차도 우리의 새로운 이야기 속에 녹여 내었다. 다른 장애인에게는 하나님과의 또 다른 이야기가 있을 것이다. 그러니 하나님과 장애인 한 명 한 명의 역동적이고 고유한 관계를, 성의도 없이 그린 딱딱한 고정관념 안으로 구겨 넣는 사람은 더 이상 없길 바란다.

표준적이지 않은 몸을 불편해하고 어떻게든 눈앞에서 치워 버리고 싶어 하는 사람들이 있지만, 하나님은 그런 분이 아니시다. 하나님이 그분의 이야기에 손상을 입은 몸의 이야기가 꼭 필요하다고 생각하신다는 주장도 있다. 특히 우리와의 관계 회복을 위해서 그분은 손상되고 표준적인 기능을 상실한 몸의 가능성에 주목하셨다는 것이다. 장애를 신학의 주요 주제로 설정해야 한다고 주장한 미국의 신학자 낸시 아이슬랜드(Nancy Eiesland)는 저서『장애 입으신 하나님』(Disabled God)에서 예수님의 성육신과 죽음, 부활이라는 구원의 핵심 사건을 '하나님이 친히 장애를 입으신 사건'이라고 보았다.

만물의 주재이신 분이 그분의 모든 능력을 내려놓고 무능한 인간이 되셨다. 그뿐 아니다. 예수님은 십자가 고난 이후에 부활하시면서 자신의 구멍 난 손과 옆구리를 제자들에게 드러내셨다. 손상된 예수님의 몸은 부활의 결정적 증거였고 복음 전파의 도화선이었다. 심지어 그분의 손에 난 못 자국은 그분이 재림하실 때도 없어지지 않을 것이다. 그러므로 아이슬랜드는 신이 장애를 입는 사건은 결코 도려낼 수 없는 기독교 복음의 핵심이라고 강조한다. 하나님은 가장 공들여 기획하신 핵심 이야기 속에 장애의 이야기를 넣어 두신 것이다. 이처럼 하나님에게 장애인의 이야기는 전혀 부수적인 것이 아니다.

내일의 관계를 상상하며

만약 '장애도 은사'라는 몰트만의 주장이나 아이슬랜드가 제시한 '장애 입으신 하나님'이란 이미지를 처음 접했다면, 혹시 이 주장이 꺼림칙하고 의심스러워 보이지는 않는가? 나는 그랬다. 장애 당사자로 살고 장애에 대한 여러 활동을 하면서도 장애와 '거룩함'은 왠지 어울리지 않는 짝 같았다. 내 안에도 비장애인 중심의 가치관이 깊이 뿌리박혀 있었던 것이다. 아이슬랜드처럼 신학에서 장애의 문제를 깊게 다루어 온 장애신학자들의 연구를 통해 나는 내 안의 비장애 중심주의를 발견했다.

그렇다면 이런 질문은 어떤가? 예수님이 재림하신 이후 새 창조와 부활이 일어날 때, 장애인의 몸은 어떻게 변할까? 하나님 나라에 장애인은 존재할까? 이 질문은 실제로 장애신학의 중요한 주제 중 하나다.

성경은 부활 이후 우리가 새로운 존재가 될 것이라고 하지만, 그 존재가 정확히 어떨지 말하지는 않는다. 부활 이후 변화된 존재에 대한 구체적 상상은 종종 개인의 고유성이 제거된 기계적 동일성으로 귀결되곤 한다. 하지만 부활 이후의 삶은 우리가 고유성을 잃은 어떤 존재가 되는 것일 수 없다. 부활 이후에 대한 기대의 핵심은 우리가 하나님과 얼굴을 마주 보며 완전한 사랑의 관계를 이루는 것이기 때문이다. 서로의 고유성을 지우는 관계는 사랑의 관계가 아니다. 사랑은 오히려 '서로를 온전히 받는다.'

우리의 고유성에는 어떤 부분이 포함될까? 우리는 우리의 몸과 얼굴이 없어도 우리 자신일 수 있을까? 신학자 미로슬라브 볼프(Miroslav Volf)는 지상에서 인간이 한 일이 부활 이후의 인성과 세계에 영향을 미칠 것이라고 예상했다. 인간이 사는 삶과 성취한 일이 인간의 인성과 세상을 변화시킨다. 하나님은 연약한 인간과 협력하기로 하셨기 때문에, 인간의 삶과 일은 하나님의 일에 영향을 준다.[7] 볼프는 또한 사람의 몸도 특정 인간으로서 그 정체성에서 본질적인 한 부분이라고 말했다. 사람의 일이 그의 정체성과 이야기를 구성하는 것처럼 우리는 우리의 몸으로도 이야기를 만들어 가며, 몸을 통해 하나님과 협업한다.

어떤 몸으로 세상을 마주하느냐에 따라 전혀 다른 이야기가 펼쳐지는 법이다. 장애가 있는 몸으로 살아가면서 갖게 된 정체성을 '장애 정체성'이라고 한다. 장애인들은 그들의 독특한 몸이 치료되어야 할 비정상성이 아니라, 오히려 존중받아야 할 몸의 특성이며 정체성의 중요한 일부라고 주장해 왔다. 손상된 몸 역시도 우리의 삶과 이야기를 구성하는 기본 요소라는 것이다. 각자의 몸으로 살아온 삶으로 구성된 우리의 존재가, 부활한다고 해서 이전과 완전히 다른 존재가 된다는 것은 상상할 수 없는 일이다.

나의 몸은 하나님과의 관계에서도 처음부터 함께했다. 하나님은 있는 그대로의 내게 다가오셨다. 하나님은 장애인과 비장애인을 차별하시지 않는다. 그 대신 한 명 한 명을 가장 잘 아시는 분으로 각자에게 다가가시는데, 그분이 허락하시고 아신 나의 특성 중에는 나의 몸과 내 몸으로 경험하고 느낀 모든 것이 포함된다. 그분이 차별하시지 않는다는 말은 나를 비장애인과 똑같이 대하신다는 말이 아니라, 나의 몸과 경험을 가진 나의 모든 것을 온전히 사랑하신다는 말이라고 나는 믿는다. 그러므로 부활 후에도 나는 완전해진 나로 남을 것이다.

당연한 말이지만, 내가 남들과 다른 몸으로 경험했던 모든 시간을 긍정하지는 않는다. 이런 몸을 가졌기 때문에 불편할 때도 많고, '비정상적인' 몸이라서 차별받았던 경험은 시간이 오래 지나도 고통으로 남아 있다. 나는 지금도 나의 불편을 최대한 줄이기 위해, 그리고 차별 경험으로 왜곡된 내 내면을 치유하기 위해 여러 시도를 한다. 아마도 부활 후에는 하나님의 도움으로 이 과정이 모두 끝나서, 내 몸의 구조가 내게 주는 고통이 사라지고 세상의 차별로 인해 왜곡된 나의 내면과 관계가 온전해질 것이다.

하지만 치유된 내 모습이 곧 비장애인의 모습은 아닐 수 있다고 생각한다. 하나님의 기준에서는 장애인이든 비장애인이든 모든 사람이 죄로 손상되고 왜곡되어 있다. 하나님이 '새 창조' 이후에 남겨 두실 것은 인간이 멋대로 만든 정상과 비정상의 경계가 아니라, 오히려 나의 독특한 몸 그리고 그분과 내가 공유했던 기쁨과 슬픔, 고통과 환희, 그 모든 이야기 속에 키워 온 우리 둘의 친밀함일 것이다.

하나님은 나를 당신의 이야기에 참여할 수 있도록 초대하셨고, 그 아름다운 이야기 속에 나의 자리를 만드셨다. 나의 고유함으로 만들어 가는 이야기를 긍정하시되, 내 이야기가 그분의 큰 이야기 안에 안전하게 속해 있도록 하셨다. 나는 하나님과 함께 이야기를 만들고, 그렇게 만들어진 이야기를 통해 그분을 만나고 다른 사람들을 만난다. 이야기는 나를 없애는 것이 아니라 나를 긍정하는 가운데 새롭게 하며, 고유한 나를 다른 고유한 존재들과 연결시킨다.

우리가 존중하고 사랑해야 할 서로의 고유함 안에는 서로의 몸이 포함되어 있다. 우리는 서로 다르고 모두 고귀하다. 서로를 사랑하기 위해서는 나와 너의 고유함을 인정하는 가운데 끊임없이 이야기를 주고받아야 한다. 각자 다른 서로를 향한 이야기의 흐름이 단절되거나 멈추지 않는 그곳이, 우리가 고대하는 마르지 않는 샘물 되신 분의 나라라고 나는 믿는다.

3부 오롯이, 함께 살기

12. 취업
증명을 넘어

A도 아닌, B도 아닌 꿈

어릴 때부터 여러 가지 꿈을 꾸어 왔지만, 정직하게 말하자면 나의 꿈은 긍정형보다는 부정형에 가까웠다. 사람들이 나를 '장애를 가진 것 빼고는 그야말로 완벽한' 장애인으로 보는 것도, '장애 때문에 그 정도밖에 되지 않는' 장애인으로 보는 것도 싫었다. 그러니 나의 이런저런 꿈의 첫 조건은 양쪽 다가 '아닌' 무엇이어야 했다. 김원영 작가가 말했듯, 나만의 라이프스타일은 "자신을 '무엇이 아님'이라는 결여가 아니라 '무엇임'이라고 적극적으로 규정할 수 있을 때 가능"[8]한 것인데 말이다.

무언가를 끊임없이 증명하면서 살고 싶지는 않았지만, 쉬운 일은 아니었다. 중·고등학교 때 성적이 너무 낮으면 '그래, 장애인이 그렇지,

뭐' 소리를 들을 것 같았고, 반대로 공부를 잘하면 '장애 극복'의 모델이 될까 봐 싫었다. 사람들이 정말 그렇게 생각할지 아닐지도 모르면서, 내 모든 면면이 장애와 엮여 판단될까 걱정했다. 난 장애인의 대표가 아니고 그저 나임을 계속 되새기며, 반은 실재하고 반은 상상 속에 있는 시선에서 벗어나려 발버둥을 쳤다.

자본주의 사회는 '스스로 경제적 책임을 질 수 없는 존재'만큼 스스로를 부끄럽게 여겨야 할 사람은 없다고 모두에게 주입시켜 왔다. 이런 분위기 속에서 장애인들은 스스로 일하지 못하는 무능력한 자들로 여겨지기 일쑤다. 일터에 장애인이 들어오지 못하도록 벽을 세우는 건 비장애인들인데, 무능하다는 눈총을 받는 건 항상 장애인들이다. 나도 경제적으로 독립하지 못할까 봐 늘 마음 한구석에 두려움이 있었다. 소위 '유능한 장애인'처럼 보이고 싶은 건 아니었지만, 적어도 내 밥벌이 정도는 하고 싶었다.

내가 스물한 살이 되던 해에 『88만원 세대』(레디앙)라는 책이 돌풍을 일으켰다. 당시의 대학 캠퍼스는 이미 '푸른 꿈을 꾸는' 청춘들의 공간이 아니었다. 학생들은 수업이 끝나면 퀭한 눈으로 무거운 영어 교재를 들고 도서관으로 향했다. 그중에서도 20대 장애인들의 미래는 더 작은 바늘구멍이었다. 내가 취업을 준비하던 그때나 10여 년이 흐른 지금이나 장애인 취업률은 전체 인구 취업률의 절반 정도에 불과하고, 장애여성 취업률은 장애남성 취업률의 절반 정도다. 게다가 내 관심은 온통 인문학뿐이었다. 소설을 쓰고 싶었고 역사를 배우는 게 좋았다. 인문학을 좋아하는 '88만원 세대' 장애여성이라…. 조용히 굶어 죽어도 이상할 게 없을 것 같았다.

내가 속했던 기독교 동아리에서는 매일 친구들과 '기독교와 사회 참여'라는 주제에 관해 열을 올리곤 했다. 생계를 꾸리기조차 녹록지 않을 거라는 경제학자의 예언을 듣고도 우리는 "기독교인이 대기업에 취업해도 될까?" 따위의 고민을 나누며 시간을 보냈다. 누군가는 개인이 아무리 윤리적으로 살려고 해도 나쁜 구조 안에 있으면 잘못된 선택을 할 수밖에 없으니, 한국 경제를 왜곡시키는 정의롭지 못한 대기업에 들어갈 수 없다고 했다. 나는 반대였다. "물론 대기업에 가면 우리도 부정의한 구조에 기여하게 되겠지. 하지만 하나님이 그 악한 사회 구조를 포함한 온 세상의 주권자라고 믿는다면, 대기업에 가서 우리가 할 수 있는 일을 하다 실패하는 것도 하나님 나라 운동이라고 생각해."

정말이지 무의미한 토론이었다. 우리 중에 대기업에 갈 만큼 열심히 스펙을 쌓은 사람은 드물었기 때문이다. 하지만 어쨌든 나는 내가 어디든 나와 어울리지 않아 보이는 곳에 가야 한다고 생각했다. 기독교인이 가장 가지 않을 만한 곳에 있는 기독교인이 필요하다고 생각했고, 장애인이 아직 한 명도 없는 곳에 장애인이 많아지길 바랐다.

내 경험상 장애인과 비장애인 사이의 벽을 허무는 것은 결국 잦은 만남이었다. 처음부터 장애인을 편견 없이 대하는 비장애인은 많지 않다. 사람과 사람은 만나서 알아 가는 법이기 때문이다. 나와 같은 공간에서 함께 일하고 대화한 친구들은 종종 나로 인해 장애인에 대한 시각이 많이 바뀌었다고 얘기해 주곤 했다. 장애인으로서 내가 해야 할 역할이 있다면 그런 것이라고 생각했다. 장애인이 그저 장애인이기만 한 게 아니라, 평범한 일상인이기도 하다는 걸 일상으로 보여주는 일 말이다.

장애인은 어디서 일할 수 있을까?

토익 시험 한 번 안 봤는데 졸업이 다가왔다. 글을 쓰고 싶었지만 취업을 해야 할 것 같았다. 딱히 가고 싶은 회사가 있는 건 아니었지만, 돈도 벌어야 했고 '아직 장애인이 없는 곳'에 가겠다는 목표도 있었다. 물론 취업은 어려운 일이지만, 장애인 의무고용제도의 혜택을 받으면 생각보다 쉽게 취업이 될지도 모를 일이었다. 일단 토익 시험부터 본 다음 이력서를 쓰기 시작했다. 처음엔 취업 사이트에 올라온 기업에 무작정 이력서를 내다가, 문득 '장애인 채용'이 아닌 일반 공고에는 내가 이력서를 내 봤자 별 소용이 없다는 걸 깨달았다.

장애인고용공단 홈페이지에 올라온 장애인 구인 공고를 살펴보니, 미화원, 세탁실 직원, 경비실 관리 등이 있었다. 대부분 단순노동에다 심지어 육체적 기능을 요하는 일들이었다. 일자리 종류가 내 기대와 한참 다른 것은 차치하고, 내가 물리적으로 할 수 없는 일들이었다. 타자 속도가 비장애인보다 좀 느리긴 하겠지만 사무직 일자리는 나도 큰 무리 없이 할 수 있다. 하지만 청소나 세탁, 건물 관리, 조립 등은 설령 내가 하려 해도 할 수 없는 일이다. 신체장애인에게 신체 노동을 시키는 게 너무 비효율적인 일이 아닌가 싶어 웃음이 나왔다. '단순 사무보조'라고 쓰여 있는 몇 가지는 내 몸으로도 할 수 있는 일이었지만, 그나마도 회사가 지방에 있거나 1년 미만의 계약직이었다.

장애인 진학률이 더 높아진 지금도 이런 패턴은 내가 취업을 시도하던 10여 년 전과 크게 달라지지 않았다. 직업엔 귀천이 없다. 하지만 이런 채용 공고는 비장애인이 있어야 할 공간과 장애인이 있어야 할 공간을 구분하고, 안간힘을 써서 그 경계를 지키려 하는 것 같다. 물론 가끔 공기업이나 중견기업, 대기업에서 장애인 공개 채용이 이루어진다. 하지만 취업을 준비하는 장애인 청년들이 매일 맞닥뜨려야 하는 대부분의 채용 정보는 비장애인 청년들이 마주하는 정보와는 너무 다르다. 가뜩이나 불안한 취업 준비 시기에 장애인 청년들은 더 큰 우울감과 불안감과 싸워야 한다.

그래도 나는 운이 좋았다. 내가 졸업하고 몇 개월 후에 학교에서 취업이 어려운 졸업생을 1년간 인턴 교직원으로 채용하는 '행정 인턴' 제도를 시작했는데, 장애학생지원센터에서 내게 인턴으로 오라는 제의를 한 것이다. 웬만하면 장애인과 관련되지 않은 일을 하고 싶었지만, 이것저것 따질 상황이 아니었다. 내가 학생일 때 지원을 받았던 곳인 만큼 편하게 일할 수 있을 것 같기도 했다. 한시적이라는 조건을 붙이고 내가 가졌던 하나의 기준을 내려놓은 이 선택은 다행히도 '신의 한 수'였다.

장애학생지원센터에서 일하면서 또래 장애인들을 여럿 만났고, 그들에게 어떤 지원이 필요한지를 배웠다. 의지만 있다면 장애인이 비장애인과 동등한 기회를 누릴 수 있도록 바꿔 나갈 수 있는 부분이 꽤 많다는 것도 알게 되었다. 센터 근무는 내 취업에도 실질적인 도움을 주었다. 기업들이 각 대학 장애학생지원센터로 직접 구인 요청을 하는 경우에 정보를 빠르게 접할 수 있었기 때문이다. 그 덕분에 나는 학교에 구인 요청을 보낸 어느 기업에 운 좋게 취직할 수 있었다.

합리성의 기반, 당신과 나의 인격

스물여섯에 드디어 회사원으로 취업을 했다. 무거운 책가방 대신 가벼운 백을 메고, 카페에서 커피 한 잔을 사들고 아침마다 21층 사무실로 출근하는 직장인이 되어 내 생계를 스스로 해결할 수 있게 되었다. 경제적 독립의 발판을 마련한 것이다. 게다가 그해 내가 입사한 회사는 사상 처음으로 장애인을 고용했기에, 내가 원하던 '장애인이 없는 곳'이기도 했다.

내가 맡은 일은 홍보물의 교정교열과 작은 사내 도서관 관리였다. 글은 항상 내 놀잇감이었으니 교정교열 업무는 내 전문 분야였고, 책과 함께 일하는 것도 나쁘지 않았다. 회사 분위기도 생각 이상으로 좋았다. 내가 장애인이라는 이유로 차별 대우를 하지 않았다. 회사에서는 내가 하기 어려운 일을 시키지도 않았지만, 장애인이라고 업무에서 배제하지도 않았다. 큰 노력도 없이, 딱 맞는 직장을 얻은 셈이었다.

내가 속했던 부서의 상무와 차장은 지금 생각해도 놀라울 정도로 장애 인권에 대한 뚜렷한 인식을 가지고 있었다. 그들의 합리적인 태도는 나를 안심시켰다. 상사와 동료들은 나를 존중하되 특수한 존재로 여기지는 않았다. 내 몸의 특성을 고려해 업무를 조정할 때도 합리적인 선을 지켰다. 눈이 많이 오는 날은 출퇴근길의 안전을 위해 출근하지 않거나 조퇴하는 것이 가능했다. 내 담당이었던 도서관 업무는 나에게 일임하되, 키가 작은 내가 손이 닿지 않는 높은 서가 정리는 동료 한 명이 하루 두 번씩 맡아 도와주었다.

그들과 함께 일하면서, 나를 수용해 주는 사람들은 '특별한 배려'가 아닌 합리성으로 나를 대한다는 점을 확인했다. 그건 무신경함이 아니었다. 오히려 그 합리성은 자신과 달라 보이는 존재와 공존하는 모든 순간에 '그도 나와 동등한 인격'이라는 사실을 한시도 잊지 않는 섬세함의 결과였다.

상사들은 장애인 동료의 필요를 채우는 일에 유연하고 적극적인 태도를 보였다. 어느 날, 같은 부서에 있던 장애인 동료가 일상생활의 불편을 개선하는 데 필요한 수술을 받게 되었다. 그는 수술 후에 필요한 재활훈련을 위해 업무 시간을 조정할 수 있었다. 반대로 나는 치료가 필요했음에도 업무 시간에 병원에 갈 생각은 하지 못했는데, 나중에 이를 알게 된 상무가 왜 이야기하지 않았냐며 아쉬워했다. 직원이 건강한 몸으로 오래 함께 일하는 것이 회사로서도 이익이므로 직원의 건강을 챙기는 것은 회사 입장에서도 중요하다는 것이다. 이 말은 이제까지 살면서 '특수한 필요'를 혼자 해결하는 게 습관이었던 내게 신선한 충격이었다. 함께 일하면서 내가 겪는 필요는 나만의 문제가 아니라 공동의 문제였던 것이다!

장애인과 비장애인이 함께 일하는 데 있어 합리적이고 유연한 분위기는 정말 중요하다. 동료가 장애인 또는 비장애인이라는 지나치게 단순한 이분법에 갇히거나, 반대로 모두에게 똑같은 기준을 적용하는 실수를 막을 수 있기 때문이다. 의지적으로 유연함을 발휘하지 않으면, 고용주는 장애인 직원이 일을 잘할 수 있는 업무 환경을 구성하기가 어려울 수 있고, 반대로 장애인들은 자신을 증명해야 한다는 부담감 때문에 무리를 하기 쉽다. 신체의 특성에 따라 일하는 방식이나 일할 수 있는 시간과 강도가 다르지만, 대부분의 장애인들은 동료들로부터 '장애인이어도 같이 일하는 데 아무 지장이 없다'는 인정을 받아야 한다는 압박을 느낀다. 그래서 자신에게 과중하고 무리가 되는 부분도 스스로 감수하고 넘어갈 때가 많다.[9]

장애인이 취업으로 경험하게 되는 노동 환경이 지극히 비장애인 중심적으로 구성되어 있음을 기억할 필요가 있다. 사무실 공간, 업무 방식과 관련 시스템, 구성원 간 소통 방식, 기본으로 할당되는 노동량과 노동 시간 등은 대부분 비장애인의 몸에 맞추어져 있다. 그러므로 장애인은 취업 후에도 비장애인 노동자보다 큰 신체적 부담과 정신적 스트레스를 받을 가능성이 높다. 이런 상황이 반복되면 결국 망가지는 건 장애인 노동자의 건강이다. 실제로 많은 장애인 노동자들은 점점 나빠지는 건강을 체감하며, 비장애인보다 일찍 퇴직해야 할지도 모른다는 불안감을 가지고 살아간다.[10]

다행스럽게도 회사 동료들의 합리적인 태도 덕분에, 나는 내가 알아서 적응하고 나를 증명해야 한다는 부담감에서 조금씩 자유로워질 수 있었다. 자꾸만 무언가를 혼자 해내려는 나에게, 상사들은 내가 해야 하는 것은 증명이 아니라 의논이라고 알려 주었다. 함께 일하는 공간에서 필요한 합리성은 기계적이고 효율적인 덕목이 아니다. 다양성을 존중하면서 함께 일하기 위해 필요한 태도는 옆에 있는 동료 각각의 인격과 필요를 간과하지 않는 합리성이다. 장애인만 비장애인의 기준에 일방적으로 적응해야 하는 것이 아니라, 오히려 모두가 서로에게 항상 적응해 가야 한다.

함께 고민하고 노력해도, 결국 적응하기 위해 더 애쓰고 더 견뎌야 하는 쪽은 대부분 장애인이다. 그러므로 비장애인과 장애인이 함께 일할 때 필요한 것은 시혜적 태도가 아니라 공동의 문제를 함께 해결하려는 태도다. 그렇게 할 때, 서로 다른 필요를 가진 동료들 사이의 관계와 협업 과정이 그저 부담감이 아닌, 새로운 의미와 뜻밖의 재미, 서로에 대한 이해로 채워질 수 있을 것이다.

증명은 이 정도로 끝낼게요

운 좋게도 회사에서 유연한 사람들을 만났고, 그들을 통해 경직되어 있던 나의 태도를 돌아볼 수 있었다. 그러던 어느 날, 그 좋은 곳에서 내가 행복하지 않음을 발견했다. 이유는 단순했다. 내가 하고 싶은 일을 하는 게 아니었기 때문이다. 이 회사를 계속 다니면 경제적 독립을 유지할 수 있으니 나 자신을 증명하기는 어렵지 않을 터였고, 인생이 제법 평탄할 것 같았다. 반대로 내가 정말 하고 싶은 일은 내가 의존적인 장애여성이 아님을 증명할 수 없을지도 모르는 일이었다. 그건 상상만으로도 끔찍했지만, 그럼에도 불구하고 단순히 '무엇이 아님'을 증명하면서 시간을 보내기에는 남은 인생이 아까웠다.

결국 나는 아마도 내가 평생 만날 수 있는 최고의 직장과 동료들과 이별하기로 했다. 한국 땅에서 장애여성인 내가 이 정도로 안정적인 직장과 이 정도로 멋진 상사와 동료들을 다시 만나기는 어려울 것이 분명했다. 하지만 20대가 끝나기 전에, 증명을 위한 삶이 아닌 내가 하고 싶은 걸 하는 삶에 도전해 보기로 했다.

그렇게 나는 지하철역과 연결된 고층 건물의 사무실을 떠나 인문학 대학원에 입학했다. 내가 다녔던 회사는 나의 독립성과 생산성을 증명하면서도 내가 존중받을 수 있는 곳이었다. 반대로 대학원은 캠퍼스의 우거진 나무들이 내뿜는 피톤치드 외에는 인생에 득이 될 게 거의 없어 보였다. 다행히 나는 회사보다 대학원에서 내가 즐길 수 있는 일을 찾았지만, 전 직장에서 누렸던 것들이 아까웠던 것도 사실이다. 비장애인과 장애인이 서로의 인격과 필요를 존중받으며 협업할 수 있는 직장이 더 늘어나기를 바라는 것으로 아쉬움을 달랠 뿐이다.

13. 교회
난 당신이 필요해요

마음을 잇고 싶은 마음

2016년 수많은 촛불이 거리로 쏟아져 나온 이후, 새로운 물결들이 한국 사회를 뒤덮었다. 국정농단을 자행한 대통령이 탄핵되고, 곧이어 그간 침묵당해 온 여성들이 '미투 운동'으로 성폭력 피해 경험을 증언했다. 여성들은 잔혹하고 차별적인 사회의 변화를 위해 용기를 냈고, 다양한 소수자들이 서로의 권리를 위해 연대했다.

 비록 과정은 고통스러웠지만, 그 이후 한국 사회에는 새로운 봄이 찾아왔다. 바야흐로 차별받아 온 사람들의 들리지 않던 말이 새로 돋는 이파리들처럼 고개를 내밀기 시작하는 계절이었다. 그들의 언어는 거칠기보다는 섬세했고 단조롭기보다는 세련된 색감을 자랑했다. 폭력이 무엇인지 아는 사람은 말의 위력을 알고 무리 속에서 혼자가 되어 본 사람은 '당연하다'는 말이 반드시 어떤 존재를 간과한다는 것을 경험했기에, 그들은 세심하게 단어를 골랐다. 그러면서도 담대하고 세련된 문체를 구사했다. 여태까지 자신의 노래를 막아 온 세상의 경직된 편견 앞에서 머뭇거리거나 위축될 생각이 없었기 때문이다. 그들의 말과 글은 쑥쑥 피어나는 봄꽃과 같았다.

매일 새로운 꽃을 피우는 거리를 감탄하며 거닐었다. 전에 듣지 못했던 이 소식들은 내게는 마치 복음처럼 다가왔다. 이 표현은 은유가 아니다. 나를 더 설레게 했던 순간은 장애인 동료들과 다른 소수자들의 이야기가 내가 아는 기독교 복음의 메시지와 일맥상통하게 이어질 때였다. 소소해 보이는 차별 하나도 그냥 지나치지 않고 피해자들과 연대하는 이들의 소식은, 더럽다고 여겨지는 누구라도 그냥 지나치지 않았던 예수님의 사역을 떠올리게 했다. 예수님은 정의와 사랑의 어느 쪽도 포기하지 않는 분이다. 차별받는 사람들에 대한 그분의 손길은 그들을 향한 사랑의 표현인 동시에, 그들을 차별하는 세상을 바로잡으려는 행동이기도 했다. 사랑과 정의는 종종 함께 성취하기 어려운 모순된 가치로 여겨진다. 하지만 차별받은 경험이 있는 사람들은 예수님의 행동에서 사랑과 정의가 동시에 만개하는 것을 목격한다.

예수님은 존중에서 시작하는 사랑을 한다. 그분이 내민 손은 약자를 내려다보며 던져 주는 동전이 아니라, 오히려 한 명 한 명의 고유한 이야기에 보이는 관심이다. 이게 끝이 아니다. 예수님의 손은 쓰러져 있는 사람을 일으키고 나서 그에게 악수를 제안하며, '네게는 꼭 내가 필요하다'고 알려 주는 동시에 '내게도 네가 꼭 필요하다'고 고백하신다. 아무에게도 가치를 인정받지 못했던 이들에게, 반드시 자신이 만드는 큰 이야기의 일부가 되어 달라고 부탁하신다. 나는 이 시대의 소수자들에게도 예수님이 동일하게 손 내밀고 있을 것이라고 믿지 않을 수 없었다.

내가 보기에, 여기저기서 샘솟고 있는 소수자들의 말은 어느 곳보다 교회에 꼭 필요한 이야기였다. 눈앞에 보이는 장애물들 가운데 몇 가지는 영영 건널 수 없는 강처럼 보이기도 했다. 하지만 기독교 복음의 메시지와, 자신의 다양성을 인정받고자 하는 사람들이 쏟아내는 이야기의 핵심에는 아무래도 닮은 부분이 더 많았다. 만나려는 노력이라도 해 보지 않으면 너무 아까울 것 같았다. 어떤 결론이 날지 알 수 없고 결론이라는 게 나기는 할지조차 알 수 없지만, 분명 대화는 시작되고 이어져야 했다.

이웃의 권리를 지키는 자

새로운 기대감에 부풀어 있던 2017년 가을, 나도 내가 다니는 교회의 교우들과 함께 봄을 맞이할 준비를 하고 싶었다. 준비가 되지 않아, 봄이 와도 봄을 누리지 못하는 교회가 되지는 않기를 바랐다. 내가 다니던 교회에서는 기독교 신앙을 일상의 다양한 영역에 적용하고 고민하기 위한 목적으로 누구나 자기 관심사에 대한 강좌를 자유롭게 열도록 장려하고 있었다. 그래서 나처럼 소수자 문제에 관심이 있던 한 언니와 함께 강좌를 하나 열기로 했다.

강좌 이름은 "적은 무리여 무서워 말라 너희 아버지께서 그 나라를 너희에게 주시기를 기뻐하시느니라"(누가복음 12장 32절)는 말씀을 따라 '적은 무리를 생각하다'로 정했다. 다양한 형태의 가족, 이주 노동자와 비정규직 노동자, 성소수자, 장애 등에 대한 이야기를 나누는 자리였다. 비혼모 등 '비정상 가족' 이야기도 하고, 성소수자 인권 운동을 하는 사람도 강사로 섭외했다. 같은 교회를 다닌다고 소수자에 대한 생각이 다 같지는 않으리라 짐작했지만, 일단 수다의 물꼬를 터 보기로 했다. 교회에 초대장을 띄웠다.

소수자들은 베푸는 강자의 '은혜를 입는' '약자'가 아닙니다. 그들도 함께 공동체를 세우고 사회를 이뤄 가는 동등한 구성원입니다. 우리와 동등하되 수가 적을 뿐이어서 그동안 그들의 목소리가 울려 퍼지지 않았습니다. 강자와 약자의 패러다임에서 벗어나, '적은 무리'의 시선으로 우리를 다시 보고자 합니다. 광야의 외치는 소수자들의 새로운 소리를 듣는 자리에 여러분을 초대합니다.

새로운 대화의 자리를 케케묵은 '약자에 대한 봉사와 섬김'이라는 프레임에서 시작하고 싶진 않았다. 어떤 이야기가 오고 갈지는 알 수 없지만, 적어도 다른 높낮이에서 서로를 바라보지 않기를 바랐다. 기독교인은 이웃을 사랑하라는 명령을 받은 사람들인데, 그 명령 앞에는 '내 몸과 같이', 즉 '동등하게'라는 말이 붙어 있기 때문이다.

하지만 나와는 너무 다른 존재가 나와 동등한 인간이라는 건 정확히 어떤 의미일까? 민주주의 사회에서 흔히 들을 수 있는 '권리'라는 개념에서 힌트를 조금 얻을 수 있다. '사랑'이라는 말에 비해 딱딱한 법적 언어 '권리'는 사람들이 서로의 인간성을 지켜 주는 데 제일 중요한 개념 중 하나다. 권리는 인간이 인간답게 살기 위해 보장받아야 할 조건이기 때문이다.

그런데 개인의 권리는 저절로 보장되지 않는다. 사람됨이 무엇인지 연구해 온 인류학자 김현경은 저서 『사람, 장소, 환대』(문학과지성사)에서, 한 사람은 공동체 구성원들이 그의 사람됨을 지켜 줄 때만 사람답게 살 수 있다고 말한다. 그러니 우리는 상대를 사람이 되도록 할 수도 있고, 반대로 상대에게서 사람의 지위를 박탈할 수도 있다.

나를 인간답게 해 주는 조건으로는 존중받는 관계, 내 몸에 대해 내가 원하는 조치를 취할 수 있는 상황의 유지, 삶에 대한 자기 결정권, 사회에 참여할 기회 등이 있을 것이다. 이 모든 것은 자연스러워 보이지만, 사회가 개인에게 그것들이 필요하다고 인정하고 그 권리가 지켜지는 방식으로 제반 조건들을 구성했기 때문에 비로소 당연해진 것이다. 반대로 사회가 권리를 왜 지켜 줘야 하냐고 묻는 순간, 개인들의 사람됨은 침해당한다. 장애인의 외출에 이유를 묻는 사회, 저상버스나 장애인 화장실이 설치되지 않은 장소에서 장애인의 사람됨은 손상을 입는 것이다. 그러므로 내 이웃을 나와 동등한 인간으로 인정하는 것은, 내게 필수적인 조건들이 내 이웃에게도 필수적이라고 인정하는 것이다. 권리란 단어에 '책임'이란 말이 꼭 따라붙는 이유는, 인간됨의 조건 즉 권리를 지켜 줄 수 있는 사람이 함께 사회 공동체를 이루는 동료들뿐이기 때문이다.

신학자 니콜라스 월터스토프(Nicholas Wolterstorff)도 비슷한 이야기를 했다. 그는 사랑과 정의의 관계를 연구한 책 『사랑과 정의』(IVP)에서, '사랑받는 대상의 가치가 존중받도록, 그가 무시당하지 않고 부당 대우를 받지 않고 불의하게 대접받지 않도록 조치를 취하는' '돌보는 사랑'(caring love)[11]에 대해 말한다.[12] 이는 사랑하는 사람의 존엄과 권리를 지켜 주는 사랑이다.

돌보는 사랑은 한 사람이 정당하게 존중받을 권리를 지켜 준다는 점에서 정의를 행하는 것과 통한다. 단순히 악행에 무분별하게 눈감는 것이나, 약한 자라고 해서 시혜나 동정을 베푸는 것과는 다르다. 오히려 약자를 향한 섣부른 시혜적 태도는 상대의 가치를 존중하지 않는다는 점에서 사랑도 정의도 아닐 때가 많다. 함께 강좌를 준비한 언니와 나는 교회가 일방적인 선행을 강조하기보다 '우리는 같이 이웃의 권리를 지키는 자입니다'라고 고백하는 성도의 무리가 되기를 바라는 마음으로 첫 대화를 기다렸다.

소수자의 이야기가 필요한 이유

예상했던 대로 강좌 신청자들은 모두 청년들이었다. 좀더 다양한 구성원이 함께하기를 바랐던 우리는 다시 공지를 띄워, 소수자에 대한 대화에 참여할 장년층 성도를 찾았다. 다행히 우리 요청에 응답해 준 이들이 있었다. 8주 동안 진행된 대화에서 사람들은 전에는 몰랐던 소수자들의 삶을 적극적으로 배우고자 했다. 강좌를 불편해하는 사람들이 있지 않을까 우려했지만, 적어도 우리 귀에 들려오는 적대적이거나 부정적인 반응은 없었다.

강좌에 참여한 사람들 중에는 소수자 문제를 처음 접한 사람도 있었고, 그간 혼자 공부하거나 교회 밖에서만 공유할 수 있었던 문제를 교회 안에서 나눌 수 있게 되어 좋아하는 사람도 있었다. 일부러 찾아보지 않으면 알 수 없는, 소수자들의 상황과 그들이 받는 차별을 확인하는 과정에서 울음을 터뜨리는 사람도 있었다. 소수자의 이야기를 읽는 일은 우리 사회와 스스로의 삶을 새롭게 다시 읽는 작업에 다름 아니었다. 매번 열심히 교재를 읽어 오던 40대 교우 한 명은 책에 나오는 다양한 소수성 중에 자신에게 해당하는 것이 하나도 없다며, 기득권을 누리는 만큼 더 조심하고 성찰하며 살겠다는 소감을 전했다.

다양한 세대의 다양한 사람들이 모인 교회에서 반대까지는 아니더라도 우려 섞인 목소리가 들려올 법도 했지만, 적어도 내 귀에 들려오는 반응은 호기심과 환영이었다. 덕분에 마음 놓고 모임을 총 세 차례 진행할 수 있었다. 장년층의 참여율을 높이기가 쉽지만은 않았지만, 소수자들이 당하는 차별에 대해 생각해 볼 일이 없던 사람들이 그들을 이웃으로 여기고 상황에 공감하게 되는 모습을 볼 때마다 기쁜 놀라움으로 가슴이 콩닥거리곤 했다.

한번은 우리가 나눈 내용으로 노래를 만들어 크리스마스 날 공연해 달라는 요청을 받았다. 소그룹을 넘어 전체 교회에 우리가 공부하고 느낀 것을 나눌 수 있는 기회였다. 서툴렀지만 우리의 공연은 따뜻한 환영을 받았다. 교우들은 그 이후에도 내가 '한번 던져 보는' 마음으로 시작한 일이 계속 이어져 가도록 적극적으로 이런저런 제의를 해 주었다. 그 덕분에 1년간 주보에 칼럼을 쓰거나 수련회에서 한 코너의 스피커로 서기도 했다. 내 SNS를 읽고 자기 생각을 이야기해 주는 사람들도 있었다. 내 말과 글에는 소수자를 배제해 온 사회와 교회에 부담을 주는 이야기가 가득했다. 그리고 교회는 그에 대해 '너의 필요를 채워 줄게'라는 말 대신, '우리는 너의 이야기가 필요해'라는 요청으로 응답해 주었다.

서로를 받는 것과 무장애사회

교회에는 실제로 지금보다 다양한 사람이 필요하다. 신학자 몰트만은 교회 안에서 이루어져야 할 관계를 다음과 같이 설명한다.

> 우리와 다른 모습의 인간은 우리를 불안정하게 한다. 따라서 우리는 같은 것들을 사랑하고, 다른 것들을 외면한다. 기독교 신앙은 자기보증의 강박관념으로부터 자유로워지는 것을 의미한다. 왜냐하면 그것은 은총에 의한 칭의(Rechtfertigung)를 경험하였기 때문이다. 결과적으로 기독교 공동체의 원리는…"그리스도가 하나님의 영광을 위하여 너희를 받아들였듯이 너희도 서로를 받아들여라"(로마서 15장 7절)라는 원리인 것이다. 그런 까닭에 기독교 공동체는 차이를 상호위협이 아니라 오히려 풍요로움으로 경험하는 공동체요, 서로 동일하지 않은 부분들로 구성

되어 있는 공동체이다.[13]

몰트만은 서로 동질적인 사람들만 모여 있는 곳은 더 이상 교회일 수 없다고 말한다. 자기에게서 벗어나지 않고서는 예수님을 따르고 타인을 사랑할 수 없기 때문이다. 그는 특히 다양한 몸과 인지 방식을 가진 장애인과 비장애인이 함께 모이지 않는 교회는 교회 됨을 나타낼 수 없다고 강조했다. 교회가 서로를 받는 그리스도의 온전한 몸이 되기 위해서는 말 그대로 다양한 몸을 가진 지체들이 필요하다는 것이다.

몰트만이 인용한 로마서 15장 7절은 장애를 새롭게 정의하기 시작했던 장애인들을 떠올리게 한다. 장애학자들과 장애 운동가들은 오랫동안 '장애를 만드는 것은 사회'라고 외쳐 왔다. 교정되어야 할 것은 비장애인만을 기준으로 구성된 사회의 각종 제도와 공간과 관계이지 장애인의 몸이 아니라는 것이다. 이들의 말은 '서로를 받으라'라는 바울의 말과 일맥상통한다. 바울은 분명 이방인에게만 변화되어 유대인처럼 되라고 하지 않고, 서로가 서로를 받기 위해 변해야 한다고 조언했다. 그런 의미에서 장애인만 비장애인처럼 되어야 한다는 생각도 비성경적이고, 비장애인만 장애인을 도울 수 있다는 말도 그러하다. 서로를 받기 위해 모두가 변화함으로써 서로 '균등하게 되는 것'이 교회 공동체가 이루어지는 원리이기 때문이다.

이쯤에서 무장애사회와 하나님 나라를 연결시켜 보고자 한다. 어떠한 몸의 특성도 사회에 참여하는 데 제약이 되지 않는 '무장애사회'는 장애에 대한 사회적 모델의 이상향이다. 이는 아무리 평등한 사회가 된다 해도 실현 불가능한 유토피아다. 개인의 몸은 각자 너무 다르기 때문이다. 비시각장애인에게 편안한 사회는 시각장애인에게 불편하지만, 시각장애인에게 편안한 사회는 비시각장애인에게 불편할 것이다. 비발달장애인이 이해하기 쉬운 책은 발달장애인이 이해하기 어렵고, 발달장애인의 표현을 비발달장애인이 완전히 이해하기도 어렵다.

무장애사회는 물리적으로 실현 불가능하다. 그럼에도 우리는 그 꿈을 향한 발걸음을 내디딜 수 있고 그래야 한다. 하지만 나는 무장애사회를 이루는 핵심 자원은 완전무결한 사회 구조가 아니라, 사람들 사이의 유동적인 관계라고 믿는다. 서로 적극적으로 공감하는 성실한 관계는 상대를 장애화시키는 상황에 반응하고 이를 최소화하기 위해 사람을 움직이도록 한다. 누군가를 장애화시키는 나의 삶의 구조를 바꾸겠다는 자세 없이, 장애 없는 공동체나 사회를 이룰 수는 없을 것이다.

하나님은 시각장애인에게 시력을 주실 수 있고 청각장애인에게 청력을 주실 수 있다. 실제로 예수님은 그런 기적을 통해 소외되던 장애인들이 공동체 안으로 들어가서 살 수 있게 하셨다. 하지만 나는 21세기에는 휠체어 이용자가 걷게 되는 것이 아니라 예배당과 단상에 경사로가 생기는 것, 청각장애인이 비장애인이 되는 것이 아니라 문자 통역과 수어 통역이 일상화되는 것이 하나님이 교회와 사람들을 통해 베풀기 원하시는 기적이라고 믿는다.

함께 흔들리는 교회

하지만 지금까지의 이야기가 현실 교회에서 정말 실현 가능할까? 지금 한국 사회에서 교회만큼 경직되어 있고 변화를 받아들이지 못하는 집단도 드물다. 일반적인 교회의 예배당 공간과 예배 진행 순서에는 장애인에 대한 배려가 담겨 있지 않으며, 교회에서 선포되는 메시지의 대부분은 모든 국면에서 소수자가 아닌 성도들만을 향할 때가 많다.

한국 교회가 이토록 처참하게 낡아 버린 모습을 드러낸 건 교회가 지켜야 할 게 많아져서가 아닐까? 지켜야 할 것이 많으면 고집불통이 된다고들 하는데, 세상에서 가장 소중한 걸 받은 교회가 그걸 지키기 위해 점점 더 굳어 가고 있는 걸까 싶을 때도 있다. 머릿속을 가득 채운 물음표들을 따라가다 보면 덜컥 겁이 나기도 한다. 교회가 바뀌어야 할 부분과 지켜야 할 부분이 있는데, 교회가 끝까지 지켜야 할 부분에 내가 결국 동의할 수 없다면? 혹은 교회가 마땅히 권고하고 축하해야 할 삶의 모습에 내가 절대 도달할 수 없다고 판단되면 어떻게 될까?

물음표와 물음표 사이를 정신없이 오가다 문득 정신을 차려 보면, 나는 여전히 교회의 일원인지, 끝없이 물음표를 좇다가 어느 날 불현듯 내가 너무 멀리 와 버린 걸 깨닫게 되면 어떻게 할지, 이미 너무 멀어진 것은 아닐지, 이런저런 생각과 두려움에 흠칫 놀라게 된다. 나는 크게는 소수자, 좀더 작게는 장애여성의 정체성을 지녔다. 그리고 그 어떤 정체성보다 근본적으로 기독교인이자 교회의 지체라고 고백한다. 하지만 세상에서 차별받는 소수자가 교회 안에서도 소수자인 현실에서, 내가 교회 공동체와 같은 마음, 같은 생각을 품고 있다고 확신해도 되는지 아리송해질 때가 있다.

그렇게 한참을 헤매다 지쳐 눈을 감으면, 어릴 때부터 상상해 오던 예수님의 얼굴이 떠오른다. 다시금 작디작은 나의 생각과 비교할 수 없는 하나님의 광대하심을 믿어 보기로 한다. "내가 새벽 날개를 치며 바다 끝에 가서 거주할지라도"(시편 139편 9절) 거기서도 나를 인도하시는 창조주는, 사랑과 정의를 찾으며 초롱초롱한 눈으로 질문하는 나를 사랑스럽게 여기시고 결국 그분의 길 위에 세우실 것임을.

매일같이 흔들리고 불안해하는 내가 가끔 기대곤 하는 시가 있다. 함민복 시인의 "흔들린다"인데, 흔들리며 사는 삶을 나무에 빗대어 이야기하는 시다. 소중한 것을 지키기 위해서는 흔들리고 또 흔들려야 한다는 이 시는 쉴 새 없이 갈팡질팡하는 밤에 붙들 수 있는 위로다. 그러면서도 안주하려는 찰나에 다시 나를 깨우는 경종이기도 하다. 이 시는 본질에 붙어 있기 위해서는 단단한 척 굳어 있기보다 오히려 끊임없이 흔들려야 함을 기억하게 해 준다.

많은 고민을 안겨 주지만, 동시에 불안으로 끊임없이 흔들리는 나를 안전하게 뿌리에 붙어 있게 해 주는 것 또한 교회 공동체. 사실 언제 떨어져 나가도 이상하지 않을 만큼 교회 안에서도 나는 소수자지만, 내가 소수자로서의 정체성에 감사하고 자부심을 느끼게 해 주는 공동체 역시 교회다. 적은 무리에게 당신의 나라를 주시기로 한 분은, 그 나라를 교회를 통해 이루어 가겠다고 하셨기 때문이다. 그렇다면 결국 교회와 소수자는 서로에게 의존하며 차별 없는 그 나라를 만들어 가게 되지 않을까?

14. 장애여성
좋아하는 색은 보라색

장면 하나: 우리 사이의 거리

어려서부터 청소년기까지 어른들로부터 머리를 짧게 자르라는 소리를 많이 듣곤 했다. 혼자 머리를 묶을 수 없었기 때문이다. 아빠는 내가 혼자 머리를 묶을 수 있을 때 머리를 기르라고 했다. 어느 더운 여름날, 내 긴 머리를 바라보던 아빠가 농담으로 군대에서 하는 '이부가리'(삭발)를 하면 시원하다고 말한 적이 있다. 군대식 머리라고 하니 학교나 교회에서 봉사차 방문했던 장애인 시설 사람들이 떠올랐다.

장애인 시설에 있는 사람들은 나와는 전혀 다른 사람들 같았다. 한번은 학교에서 봉사를 갔는데, 그곳에 있던 장애여성 한 분이 유독 우리를 반겨 주며 따라다녔다. 내게는 언니뻘일 텐데도 왠지 모르게 이질감이 느껴졌다. 나처럼 장애가 있는 누군가를 만났다는 동질감이 아니라, 나와는 전혀 다른 존재를 마주친 것 같은 거리감이 느껴지자 당혹스러웠다.

왜 그랬을까? 시설에서 만난 분들에게서 느껴지던 거리감에 대해 며칠을 고민하다 내가 찾은 답은 머리카락이었다. 시설에 계신 분들도 장애가 있고 나도 장애가 있었다. 그런데 나는 비교적 길고 자유로운 헤어스타일을 했던 반면 그들은 하나같이 짧게 깎인 머리를 하고 있었다. 그래야 '관리'가 편하기 때문이다. 내 뒤를 따라오던 장애여성의 얼굴이 떠올랐다. 그분이 자신만의 헤어스타일을 유지할 수 있었다면, 우리는 좀더 가까워질 수 있지 않았을까?

장면 둘: 나의 이야기가 될 수 없는

주위 어른들은 대부분 내가 연애나 결혼을 하지 못할 거라고 예상했다. 어렸을 때, 내가 나중에 크면 결혼도 하고 아이도 많이 낳고 싶다고 하자 할머니는 한참을 고민하시더니, 어느 날 이렇게 말씀하셨다.

"착실한 고아를 데려와. 시부모가 있으면 반대할 테니. 그러면 우리가 집이라도 얻어 줄게."

할머니는 나를 걱정해서 하신 말씀이었겠지만, 이 말은 내가 결국 나만으로는 충분하지 않고, 집 한 채 정도는 더해야 남편을 얻을까 말까 한 사람인가 싶은 생각이 들게 했다.

좀더 크면서는 어렴풋이 '집 한 채'가 문제가 아니라는 것을 깨달아 갔다. 또래 남자아이들이 나를 괴롭히거나 멀리하고, 더러운 것이라도 보는 양 내 몸을 피하기 일쑤였기 때문이다. 나는 늘 궁금했다. 나를 매력적으로 느끼는 남자가 있기는 할까? 매력적으로 느낀다 해도, 나와 함께 인생을 살겠다고 결정할 남자가 있을까?

장면 셋: 너도 연애할 수 있어

나의 연애 가능성을 처음으로 긍정해 준 사람은 기독교 동아리 친구들이었다. 그들은 남자들이 내게 충분히 매력을 느낄 거라며, 자신감을 가지라고 말해 주었다. 먼저 마음을 표현해 보라고도 했다. 보통의 세상과는 다르게 살아 보자는 '하나님 나라 운동'에 흠뻑 빠져 있던 나는 어쩌면 정말 내게도 기회가 올지 모른다고 생각해 보기도 했다. 하지만 나의 연애 가능성을 진심으로 믿는 데까지는 결국 도달하지 못했다. 머리로는 가능성을 인정했지만, 마음은 끝까지 냉소적이었다.

나는 한동안 착하고 '정치적으로 올바른' 남자들의 고백을 기다렸다. 친구들의 달콤한 연애사가 부러웠다. 더 엄밀히 말하면, '장애 극복'이라는 단어를 혐오하면서도, 정상 가족 이루기에 성공해 '장애인도 할 수 있음'을 보여 주고 싶은 마음이 더 컸다. 하지만 결론적으로 연애를 해 보거나, 고백을 하거나 받아 본 경험은 적어도 아직까지는 없다. 돌이켜 보면 나도 연애를 할 수 있다고 '격려'한 남자들은 연애 조언을 한답시고 내가 왜 '매력적인 여성'이 아닌지를 확인시키곤 했기에, 그들의 격려를 곱씹다 보면 나는 이내 다시 자신이 없어지곤 했다.

동아리에서 만난 친구들과의 우정은 내 자존감을 크게 높여 주었다. 그들을 만난 이후, 편견이란 딱딱한 상자에 나를 가두지 않는 관계가 얼마든지 가능함을 믿을 수 있게 되었다. 하지만 내가 누군가에게 성적으로도 매력적인 사람이 될 수 있다는 가능성을 확인하는 데는 실패했다. 나의 연애 가능성을 격려해 준 친구들은 하나둘 연애를 시작했고, 결혼을 하고 아이를 낳았다. 그동안 내게 고백을 한 남자는 한 명도 없었고, 소개팅 제의가 들어온 적도 거의 없었다.

동아리의 친한 친구들이 하나둘 결혼하던 20대 후반, 희망을 품어 보려던 내 마음은 전보다 한층 더 처참해져 있었다. 물론 내가 연애를 못 하는 건 100퍼센트 내 몸이나 사회의 차별 때문도 아니었고 100퍼센트 그 반대도 아니었다. 그걸 알고 있었기에 '너도 연애할 수 있다'는 친구들의 격려 속에 나는 더 외로웠다.

신뢰하는 친구들 사이에서 외로움과 직면하는 것은 고통스러웠다. 친구들의 '격려'에 점점 억울한 마음이 들 때쯤, 남자들의 조언이 모욕적으로 느껴졌던 이유와 진심으로 격려해 주는 친구들 사이에서 내가 외로웠던 이유를 알려 준 이들이 있었다. 그들은 스스로를 '장애여성'이라고 불렀다.

우리는 장애여성이다

장애여성공감이라는 단체를 언제 어떻게 알게 되었는지는 정확히 기억나지 않는다. 장애인 내의 젠더 차이를 인정하고 장애여성이 경험하는 차별을 드러내고자 하는 장애여성들의 단체가 있다는 것을 우연히 들었고, 나도 모르는 사이 그들의 말과 스토리와 활동을 찾아 이곳저곳을 뒤지기 시작했다.

장애여성들은 교육, 노동 등 거의 모든 면에서 장애남성보다 큰 차별을 겪어 왔다. 장애여성들은 나이와 상관없이 처음 만나는 사람에게 존댓말을 듣지 못하는 경우가 많다. 장애여성을 보호가 필요한 어린아이처럼 대하는 시선은, 그들이 교육과 노동에서 배제되어도 괜찮다는 생각으로 이어진다. 실제로 장애여성의 진학률이나 취업률은 장애남성의 절반에도 못 미치는 수준이다.

장애여성공감은 기존 장애인 운동에서조차 간과되어 온 장애여성의 문제를 당당하고 기발한 방식으로 수면 위로 끌어올렸다. 그들은 무엇보다 내가 말로 표현할 수 없었던 모멸감 혹은 억울함이 어디서 왔는지 설명해 주었다. 누구도 섣불리 말을 꺼내지 않던 장애여성의 섹슈얼리티(sexuality)에 대한 그들의 왁자지껄한 수다는, 형체도 불분명한 채로 내 속에 걸려 있던 무언가를 처음으로 설명해 주었다.

남성에게 매력적으로 보이는 외모, 성행위와 임신·출산이 가능한 신체 구조, 가사와 육아 노동을 수행할 수 있는 기능을 가진 몸. 우리 사회에서 여성에게 요구되는 '정상적인 몸'의 기준은 이런 것들이다. 이러한 몸을 가지지 않은 장애여성의 섹슈얼리티는 가족이나 가까운 사람들은 물론, 사회로부터도 철저하게 무시당하기 일쑤다. 장애여성들의 성적 매력은 쉽게 부정되고, 그들의 섹슈얼리티를 무시하는 인식이 도처에 뿌리를 내리고 있다. 내 주변 사람들이 알거나 모르는 채 내게 그것을 표출해 왔듯이 말이다.

　섹슈얼리티를 인정받지 못하는 장애여성들은 역설적이게도 성폭력의 피해자가 되기도 쉽다. 몸의 기능이 제한된 장애여성들은 비장애인 여성보다 가족이나 친지, 시설 관리자나 의료 및 활동 지원을 제공하는 사람들의 성폭력에 노출될 위험이 크다. 하지만 그들을 둘러싼 관계 안의 폭력성은 보호라는 이름으로 매우 간단하게 은폐되곤 한다.

　이러한 꼬이고 꼬인 세상의 시선에도 당연히 연애하고 결혼하는 장애여성들이 있다. 하지만 그들이라고 세간의 입방아에서 자유로운 것은 아니다. 장애인과 연애를 하면 '끼리끼리 산다'는 말을 듣고, 비장애인 남성을 만나면 '구원자'를 만난 것처럼 여겨진다. 장애여성이 비장애인 남성과 결혼해서 출산까지 하면 거의 완벽한 '장애 극복' 모델이 된다. 비정상인-비남성이 '정상 가족'을 이루었으니 그야말로 놀라운 기적이 아닌가! 장애여성에게 할당된 서사는 대략 이렇다. 내가 기필코 이뤄 내야 할 것 같았던, 하지만 결코 성취할 수 없을 것만 같았던 바로 그 스토리라인이었다.

　장애여성공감은 '장애여성은 무성적 존재가 아니다'라고 선언했다. 하지만 그렇다고 사회가 '여성적'이라고 말하는 범주에 자신들을 끼워 맞출 생각은 추호도 없었고, 비장애인 남성이 그들의 '구원자'가 될 거라는 허구에는 콧방귀를 뀌었다. 그 대신 그들은 장애인이나 여성 둘 중 어느 하나로도 환원되지 않는 '장애여성'이라는 독자적인 정체성을 주장하기에 이르렀다. 연애나 결혼, 출산 따위로 '정상적 여성성'을 증명하지 않아도, 우리는 욕망하고 욕망을 현실화하는 다양한 삶의 방식을 시도할 수 있는 존엄한 인간이라고 말해 주었다.

장애여성이 아름다움을 추구할 권리

나는 미적 감각이 뛰어나거나, 패션이나 화장에 관심이 많은 편이 아니다. 그래도 또래들은 크게 노력하지 않아도 자연스레 그들의 아름다움과 매력을 인정받는 것처럼 보이던 20대 시절에는 특히, 나도 그들과 별다를 것 없이 충분히 매력적인 여성임을 증명해 내고 싶었다. 하지만 아무리 예쁘게 꾸미고 가도 음식을 먹다 옷에 흘리기 일쑤였고, 또래 남성들은 '여성다움'을 꿈꾸는 내가 이성에게 매력적인 여성이 될 수 없는 이유를 '깨우쳐' 주곤 했다.

비장애인에게 규격화된 젠더와 미적 기준에 장애여성들은 들어맞지 않는다. 하지만 그렇다고 해서 장애여성들이 아름다움을 추구하고 누릴 권리와 성적 관계를 누릴 권리에서 배제될 수는 없다. 장애여성들은 질문하기 시작했다. 일반적인 미(美)의 기준을 충족하지 못하는 사람들의 아름다워지고 싶은 마음, 매력적인 사람이 되고 싶은 마음은 무시되어도 되는가?

혼자 옷을 입고 머리 손질을 할 수 없다는 이유로, 장애인들은 자신의 스타일을 추구할 권리를 잃는다. 본인이 입고 싶은 옷과 하고 싶은 헤어스타일을 주장하기만 해도 '이기적'이라는 소리를 듣는다. 용이한 '관리'를 위해 머리카락이 짧게 잘리고 무채색 고무줄 바지를 입은 장애여성들은 '너는 결코 성적 매력을 가질 수 없다'는 메시지에 둘러싸인다. 하지만 신체적 기능이나 모습과 상관없이 누구나 자신만의 아름다움을 추구할 권리가 있다. 그러므로 장애인도 활동보조를 받아 우아하고 멋진 정장을 입을 수 있으며, 자기가 원하는 스타일을 고수할 수도 있다. 남들에게 깔끔하거나 아름답게 보이는 것과 관계없이 말이다. 장애여성 운동가 김상희는 다음과 같이 일갈했다.

> 내가 아무리 심한 장애를 갖고 있어도 나는 짧은 치마도 입을 수도 있고 화장도 할 수 있다. 그것은 단순히 남성에게 잘 보이려는 치장이 아니라 내가 추구하고 싶은 취향이고 스타일이다.[14]

나는 중학교 3학년 때부터 혼자 머리를 묶을 수 있게 되었다. 아주 깔끔하게 묶을 수는 없어서 뒤에서 보면 지저분해 보일 때도 있다. 그래서인지 주위 사람들이 넌지시 헤어스타일을 바꿔 보라고 제안하기도 했다. 물론 이따금 바꿀 때도 있지만, 대체로 나는 머리를 길러서 묶고 다니는 게 좋다. 바지보다 치마를 좋아하고 외출할 때는 가볍게라도 화장을 하고 나간다. 이런 스타일을 좋아하기 때문이다.

나도 다른 사람들 앞에서 예뻐 보이고 싶다. 남녀를 떠나 좋아하는 사람을 만나러 갈 때는 더 꾸미게 된다. 하지만 남들에게 예뻐 보이는 옷보다 나 스스로 기분 좋아지는 옷을 고르는 게 더 중요하다. 남들 눈에 편안하게 보이려면, 머리를 짧게 자르고 옷도 단정한 바지를 입는 게 좋을 것이다. 내가 좋아하는 롱스커트는 가뜩이나 작은 키를 더 작아 보이게 한다. 하지만 나는 긴 머리를 유지하고 있으며, 내 옷장에는 색색의 롱스커트들이 걸려 있다. 머리를 묶고 롱스커트를 입으면 기분이 좋기 때문이다.

나와 같이 어울리는 장애여성 친구들은 유독 보라색을 좋아한다. 나는 한때 노트북 케이스, 지갑, 필통까지 온통 연보라색으로 통일하기도 했다. 보라색은 '남성성'의 상징인 파란색도, '여성성'의 상징인 빨간색도 아니면서 매력적이고 예쁜 색이다. 우리는 매력적이고 아름답고 싶지만, 세상이 규정한 '아름다움'에 애써 소속되고 싶진 않다. 우리는 우리가 낼 수 있는 색깔로 우리의 매력을 뽐내고 싶다. 누가 뭐라 하든 우리는 스스로의 몸을 아름답게 느끼고 자기 마음대로 아름다움을 추구할 권리가 있다. 나는 나를 행복하게 하는 머리를 하고 옷을 입을 것이다. 그러기 위해, 필요하다면 지원을 요구할 것이다.

아름다움과 즐거움을 누리며 살기

다른 한편으로, 연애와 결혼의 선택지를 부여받은 적이 없다는 사실, 그리고 앞으로도 그럴 가능성이 농후하다는 예상은 내게 해결되지 않는 절망이자 물음표다. 내가 연애를 할 수 없었던 데는 나라는 개인의 상황뿐 아니라 장애여성에 대한 사회의 편견과 차별이 복합적으로 작용했다. 비연애, 비혼의 삶이 계속되는 동안 나는 장애에 대한 각종 혐오 발언을 들었고, 그때마다 사랑받지 못한다는 생각이나 모욕감, 낮은 자존감에 시달렸다. 그래서 연애와 결혼에 대한 나의 감정도 매우 복합적이다.

장애여성공감은 많은 장애여성이 경험하는 이러한 고민에 대해 침묵하는 대신, 새로운 인식을 내놓고 새로운 모험을 감행했다. 장애여성의 상황에 맞는 성의 실천 방식을 고민한 것이다. 남성과의 일반적인 성행위가 어려운 몸, 여성에게 기대되는 출산과 육아를 포함한 돌봄 노동을 하기 어려운 사람들이 성을 누릴 수 있는 방법은 없을까? 그들은 자신들이 배제되지도 않고, 그렇다고 다른 누군가를 착취하지도 않는 새로운 성 문화의 가능성을 모색했다. 장애여성이 사용할 수 있는 자위 도구의 필요성을 말하고, 사적 공간의 보장과 관계에 대한 자기 결정권을 주장했다. '정상'을 추구하기보다 다양성을 추구하는 사람들과 연대했고, '우리의 성적 실천과 연애를 인정하라'며 장애여성의 모습 그대로를 세상에 내놓았다.

이들의 이야기는 답답했던 내 속을 뻥 뚫어 주었다. 부당하거나 억울하다고 느꼈지만 명확히 설명할 수 없었던 내 마음을 세상과 소통할 수 있는 정확한 언어로 표현해 주었다. 나의 스타일이나 몸이 문제의 본질이 아니었다. 내가 기존의 연애와 결혼, 가정 관련 윤리들에서 항상 비정상적이고 부족한 여성으로 규정되었던 이유는, 그 윤리가 기준으로 삼는 몸이 장애여성의 몸이 아니었기 때문이다.

관계와 인권, 장애인이 경험하는 차별에 대한 수많은 감정과 고민을 거치고 장애여성들에게 배우면서, 회복될 여지가 없어 보였던 나의 자존감이 조금씩 단단해졌다. 이제 나는 전처럼 결혼을 갈망하지 않는다. 나라는 존재의 가치가 거기에 달려 있는 게 아님을 알기 때문이다. 연애나 결혼을 하게 된다 해도 좋겠지만, 비연애, 비혼의 삶도 제법 마음에 든다. 외모는 나를 증명하는 수단도 아니고, 연애나 결혼 대상을 유혹하는 미끼도 아니다. 나는 봄이 되면 분홍색 치마를 입고 봄에 대한 반가움을 표현하고, 여름이면 좋아하는 롱스커트를 마음껏 입고 다니며, 월급이 들어오면 좋아하는 연보라색 물건을 산다. 내 스타일의 아름다움을 추구하면서 기분을 전환하고 나를 표현하며 풍요로운 일상을 만들어 간다.

이 세상에 존재하는 수많은 색깔들과 아름다움을 발견할 때마다 경이롭다. 자연의 아름다움에 빠져들 때면 세상의 모든 존재가 단순히 먹고사는 것을 넘어 아름다움을 누리고 기뻐할 수 있도록 창조되었다는 감격에 휘감긴다. 사람이 만들어 낸 아름다움에 둘러싸이면 사람이라는 복잡하고 미묘한 존재를 더 알아 가고 싶어진다. 나는 창조주가 내게 허락한 모든 아름다움을 마음껏 누리며 살 것이다.

성이 선물이라면

아름다움 속에서 누리는 기쁨에 대해 생각하다 보면, 아직 경험해 보지 못한 성이라는 아름다움이 궁금해질 때도 있다. 하나님이 허락한 선물이라면, 또 누군가를 사랑할 수 있는 하나의 통로라면 필시 멋지게 분명하기 때문이다. 내가 타인을 착취하거나 함부로 하지 않는 선에서 성을 누릴 길이 있다면, 그건 죄가 아니지 않을까 요리조리 머리를 굴려 볼 때도 있다.

하지만 환희에 차서 이런저런 상상을 하다가도 어느새 막다른 골목에 부딪힌다. 내가 교회에서 배워 온 연애, 결혼, 가정에 대한 윤리를 '낡은 이데올로기'로 싸잡아 폐기해도 될지 확신이 들지 않아서다. 내가 교회에서 배운 성 윤리에는 하나님과 나와 상대에 대한 존중과 사랑의 정신이 포함되어 있다. 하나님 앞에서 거룩함을 유지하려는 절제, 서로를 소중히 여기는 신중함, 서로를 끝까지 사랑하도록 노력하게 해 주는 결혼 등이 그랬다. 그럼에도 불구하고 거기에는 분명히 남성 중심적이고 정상적인 가정을 이루지 못하거나 이루지 않는 사람들을 배제하고 차별하는 지점들이 너무 많다. 기독교의 성 윤리는 곧 결혼 윤리, 가정 윤리다. 결혼 제도 속에 들어가지 않는 이들에게는 손에 '순결'이라는 추상적인 단어 하나만 달랑 쥐여 주고, 서둘러 그들을 '윤리' 밖으로 쫓아낸다.

각종 차별적 이데올로기로 오염되어 있음에도, 나는 교회가 가르쳐 준 성 윤리에도 페미니즘과 장애여성들에게서 배운 존중의 정신이 있음을 부정하기가 어려웠다. 그러면 어떻게 해야 하는가? 새로운 문화를 알아 가려 하고 새로운 대화에 열려 있는 교회나 목회자, 신학자들이 꽤 많다. 그들 덕분에 나는 날마다 새로워지는 문화 속에서도 지금까지 교회를 떠나지 않을 수 있었다. 하지만 그들이 장애여성인 나의 성에 대한 고민과 절망에 진지하게 함께해 준 적은 거의 없었다.

성이 삶의 여러 경험들 가운데 하나일 뿐이라면, 좀 아쉽긴 해도 어차피 삶에서 경험할 수 있는 영역은 누구에게나 제한적이니 그리 큰 문제는 아닐 것이다. 하지만 교회는 성이란 하나님이 피조물에게 주신

'거룩한 선물'이라고 가르친다. 그 선물은 사람과 사람이 서로를 기쁘게 하고 서로 사랑할 수 있도록 하는 중요한 하나의 통로라고도 한다. 그러면 어떠한 예외조항을 들이밀어도, '하나님의 선물'과 '사랑의 통로'에서 배제되었다는 감정은 결코 사소하게 웃어넘길 수 없다.

교회가 성을 하나님이 주신 거룩한 선물이라고 말하려면, 거룩한 선물에서 배제되는 이들에 대해 정말 치열하게 고민해야 한다. 특히 그 선물이 우리를 즐겁게 하고 서로를 사랑하도록 하는 것이라면 말이다. 성이 거룩한 선물이라고 말하면서도, 성을 누릴 수 없는 사람들에게 '그래도 괜찮다'라는 말 한마디만 던져 주는 것은 지독히도 무책임한 처사다.

교회에 나의 오랜 고민에 함께 해 줄 것을 요청하고 싶다. 나를 제일 괴롭게 했던 것은 내가 성적 경험을 해 보지 못했다는 사실이 아니라, 내가 하나님이 주신 선물, 그것도 사람과 사람이 사랑을 나누는 중요한 하나의 통로로부터 소외되었다는 감정이었다. 장애여성들은 자신의 권리와 타인의 권리를 똑같이 소중히 여기기 위해 치열하게 고민했고, 그 결과 누군가가 배제되지 않는 성 담론을 세상에 내놓았다. 모든 사람이 하나님의 형상으로 창조되었다고 고백하는 교회라면 장애여성들의 치열함에 공감할 수 있다고 믿는다. '순결'이나 '독신의 은사' 같은 추상적인 단어나 성경구절 한두 개로 답을 대신해 버리기에는, 하나님과 사람들 앞에서 질문하고 고민하는 한 사람 한 사람이 너무 소중하지 않은가?

15. 독립
서로 살림의 기쁨[15]

독립이 뭐길래?

성인이 되면 독립을 하겠다는 말을 일찍부터 떠들고 다녔다. 현실적으로 쉽지 않은 건 알지만, 말이라도 끈질기게 하다 보면 실현 가능성이 조금이라도 높아지지 않을까 싶어서였다. 물론 그 말을 진지하게 듣는 어른은 아무도 없었다.

내가 가족으로부터 독립해서 사는 게 과연 가능한 일인지 알 수 없었지만, 그래도 마음은 꽤 절박했다. 장애여성은 나이와 상황을 불문하고 언제든 보호가 필요한 어린아이 취급을 받곤 한다. 가족과 함께 산다는 이유 때문에 서른이 되고 마흔이 되어도 아이 취급을 당하는 상황은 상상만으로도 견디기 힘들었다. 현실적으로도 어느 정도는 스스로 일상을 건사할 기술을 익혀 둬야 한다는 생각도 있었다. 즉,

독립에 대한 나의 욕구는 일종의 자기보호 본능이었다.

하지만 독립이란 과연 어떤 상태를 의미할까? 독립이 누구에게도 의지하지 않고 스스로의 삶을 꾸려야 성취할 수 있는 상태라면, 내겐 애초에 가능한 일이 아니었다. 내 일상을 언뜻 보면 크게 타인의 도움에 의존하는 것 같아 보이지 않을 수도 있다. 하지만 사실 내게는 틈틈이 다른 사람의 손길이 필요하며, 집안에서는 더욱 그렇다. 혼자서는 요리를 할 수도 없고 쓰레기 처리도 불가능하며, 신발 끈을 묶거나 상처에 반창고를 붙이는 일도 어렵다. 그러므로 나는 독립을 하더라도 꼭 누군가의 옆에 있어야 했다.

사람은 누구나 타인에게 의존하며 살아가지만, 어떤 의존은 자연스럽고 당연한 것으로 여겨지는 반면 어떤 의존은 그렇지 않다. 비장애인 성인 남성이 어머니가 담근 김치를 먹거나 반찬을 사 먹을 때는 아무도 그의 독립성을 의심하지 않는다. 하지만 식사를 준비하거나 식사를 하기 위해 활동보조를 받는 장애인은 독립이 불가능한 의존적 존재로 여겨진다.

장애인들은 독립이 의존과 정반대 개념이라는 인식과 비장애인을 기준으로 분류된 독립과 의존의 이분법에 지속적으로 이의를 제기했다. 대표적으로 장애여성공감은 독립을 자기 결정권을 지키는 가운데 잘 의존하는 삶으로 재정의하고 독립과 의존의 이분법을 해체하는 '독립생활 운동'을 전개해 왔다.

내게 독립은 돌봄 관계의 재편을 의미했다. 돌보아지던 자신과의 관계, 그리고 자신을 돌보던 사람들과의 관계를 변화시키는 일이니 말이다. 누구나 성장하면서 자신을 돌보아 주던 사람들과 주고받는 돌봄의 종류나 방향, 수준 등에서 변화를 경험한다. 돌봄을 받기만 하다가 돌봄을 주는 역할을 맡기도 하고, 의존하는 영역과 사람이 바뀌기도 한다. 어린 자녀는 부모와 다른 가족의 돌봄 대상이지만, 시간이 흐르면 부모와 자녀 사이에도 상호 돌봄이 이루어진다. 아이는 자라나면서 이런저런 심부름을 하고 가사의 한 부분을 담당하고, 슬픔이나 걱정에 빠진 가족을 위로할 수도 있다. 이렇게 아이가 가족을 물리적·정서적으로 돌보는 역할에 참여하게 되면 가정 안의 돌봄 관계의 모습이 달라진다. 그렇게 성장한 개인은 점점 더 타인과 독립된 인격체로 존중받는 관계로 나아갈 수 있다.

나도 어릴 때부터 가족들에 대한 정서적 돌봄 역할에 간간이 참여했다. 하지만 그 외의 돌봄 역할에서는 대부분 제외되었다. 아무리 바쁜 명절날에도 노동력에서 제외되었고, 아픈 가족이나 어린 동생들을 돌보는 역할도 내게는 잘 돌아오지 않았다. 어렸을 때부터 '언니를 잘 돌보라'는 말을 들어 온 동생의 상황과는 사뭇 대조적이었다. 몸은 편하게 마음은 불편하게 한 살 두 살 나이를 먹어 가면서, 단 한 번이라도 부모님과 따로 살아 보아야 물리적으로나 정신적으로나 나 자신을 오래 보존할 수 있을 것 같다는 느낌이 강하게 들었다.

돌봄이 필요해 독립합니다

빈말처럼 반복하던 독립이 정말 절박해진 시점은 나의 취약함을 정면으로 대면한 순간이었다. 20대 후반 이후 몸 곳곳에 통증이 꽃처럼 피어나기 시작했다. 그러자 내가 원하는 만큼 부지런할 수 없었고 가족에게 걱정을 끼쳤다. 좀더 몸 상태가 안 좋아지면 가족의 물리적인 수고에 더 의존하게 되지 않을지 겁이 덜컥 났다.

통증은 내가 취약한 존재임을 확인시켜 주었다. 하지만 내가 취약하다는 사실만큼이나, 내가 책임 있는 결정을 할 수 있는 성인이며 타인을 돌볼 수도 있는 존재라는 것 또한 진실이었다. 그 두 가지 진실을 모두 지키기 위해, 돌봄이 필요해질수록 독립도 더 하고 싶어졌다.

마침 내가 다니던 교회는 모여 살며 삶을 공유하려는 마을 공동체 운동을 하고 있었다. 내가 교회에 정착할 무렵, 교회는 수많은 문제를 뚫고 첫 공동체 주택을 무사히 만들고 나서 두 번째 공동체 주택을 짓고 있었다. 그뿐 아니라 공동체 주택과 그 주변으로 이사를 온 사람들이 마을 공동체를 만들어 공동육아를 하거나 공동체 비즈니스 모델을 고민하는 등 다양한 시도를 하는 중이었다. 이런 마을에서라면 나도 독립생활을 시작할 수 있지 않을까 가슴이 부풀기 시작했다.

독립을 가로막는 장애물이 한두 개가 아니었지만, 일단 저질러 보기로 했다. '돌봄이 필요하니 독립하겠다'는 말장난 같은 결심이 가능했던 이유는, 폐를 끼치는 것의 가치를 알려 준 교회의 메시지 때문이었다. 스무 살 이후 내가 만난 기독교 공동체들은 '폐 끼치는 연습'을 해야 한다고 강조했다. 교회가 서로를 수용하는 공동체가 되기 위한 첫걸음은 나에게 타인이 필요하다는 사실과 삶의 필요를 홀로 채울 수 없음을 인정하는 데서 시작된다고 했다. 무엇보다 도움을 주는 것보다 도움을 요청하는 것이 더 큰 용기가 필요한 일이라고 말해 주었다. 교회에는 폐를 끼치는 사람이 꼭 있어야 한다는 것이다.

교회는 혈연을 기반으로 하지 않는 사람들이 서로를 사랑하고 돌보는 새로운 공동체로 출발했다. 그리고 시민권에 대한 해석이 계속 확대되면서, 이제는 서로의 권리를 지키기 위해 서로를 돌보는 시민사회에 대한 기획과 시도도 활발히 이루어지고 있다. 혈연관계, 특히 자식이 부모에게 의존하는 풍경은 미성숙의 상징으로 여겨진다. 하지만 혈연관계를 초월해 서로 폐를 끼치고 받는 관계는 위험한 도전이자 새로운 질서를 만들어 보는 예술이다. 나의 존재가 필요하다고 말해 준 교회에 응답하는 길은 나의 필요를 고백하는 일일지도 몰랐다.

독립하고 싶은 마음이 한가득 차올랐을 때 기회가 찾아왔다. 일터와 본가의 거리가 멀어 따로 집을 구해야 하는 친구가 생긴 것이다. 마침 마을 공동체에 살던 한 사람이 집을 옮기게 되면서 빈집도 생겼다. 우리가 들어가야 할 집이 분명했다!

순식간에 일이 진행되면서, 가족들에게는 몇 주 후에 집을 나가겠다고 갑작스럽게 통보할 수밖에 없었다. 어른들이 미처 나를 막을 겨를이 없었다. 가족이 불안해하면서도 내게 져 줄 수밖에 없었던 데는, 내가 아니면 집을 구할 수 없는 친구의 상황도 한몫했다. 내가 다른 사람에게 폐가 될 거라는 우려는 가족과 내가 독립에 대해 머뭇거릴 수밖에 없는 큰 이유였다. 하지만 이번엔 상황이 달랐다. 나의 독립이 누군가의 폐가 되는 일이 아니라, 누군가의 필요를 채우는 일이 되어 버린 것이다.

일상생활에서 친구가 나로 인해 생각보다 큰 부담을 져야 할 수도 있었다. 하지만 우리는 일단 서로에게 폐를 끼치는 일을 실천해 보기로 했다. 우리는 교회 사람들이 모여 사는 동네의 조그만 반지하 월세방에 짐을 풀었다. 생애 첫 자취 생활이었다. 과연 잘 살 수 있을지 알 수 없었지만, 서로 조정해 가며 생활할 수 있고, 서로가 채우지 못하는 필요는 가까이 사는 마을 공동체를 통해서나 다른 방법으로 채워질 거라고 일단은 믿어 보기로 했다.

둘 다 돈이라곤 없었으므로 거의 모든 가구를 마을 공동체에서 기증받았다. 우리가 살 집에서 이사 가는 친구가 두고 나가는 냉장고를 헐값에 샀고, 바로 옆집에 살다가 결혼해서 나가는 언니 집에서 식탁, 책장, 밥솥 등 큼지막한 필수품들을 싹 챙겨 왔다. 마을 사람들에게 남는 물건을 좀 달라고 했더니 장롱, 옷걸이, 청소기에 빨래 건조대까지 생겼다. 빨래는 옆 골목 공동체 주택에 있는 공용 세탁기를 사용하기로 했다. 우리가 처음 독립하면서 새로 산 물건은 인터넷 공유기와 욕실에 둘 작은 선반 하나, 식기 몇 개가 다였다.

나를 장애화시키지 않는 집

돈 한 푼 없이 집을 채운 후에도 일상은 순조로웠다. 나는 생각보다 많은 집안일을 거뜬히 해냈다. 일이 많지 않은 파트타임 직장을 다니고 있었으므로, 직장과 대학원을 동시에 다니는 친구보다 시간 여유가 많았다. 쓰레기 처리나 요리 등 내가 할 수 없는 집안일은 친구가 맡았고, 나는 친구가 출근한 사이에 세탁기를 돌리고 청소를 하고 가끔은 밥도 넉넉히 해 두었다.

다행히 서로의 상황에 맞게 집안일을 배분하는 데는 별 어려움이 없었다. 이런저런 집안일을 해 나가면서, 내가 그동안 살림에 참여하지 못했던 이유가 내 몸에 맞지 않는 각종 도구와 가전 때문이었음을 깨달았다. 내게 맞지 않는 본가의 구조와 도구들은 나를 무력화시켰다. 바닥이 깊은 통돌이 세탁기와 천장에 높이 달린 빨래 건조대 등은 애초에 내가 접근할 수 없는 도구들이었다.

새집에서 나를 가사 노동자로 만들어 준 물건들은 의외로 어느 집에나 있는 흔한 것들이었다. 돈을 아끼기 위해 사용한 공용 드럼 세탁기와 마을 사람이 나눠 준 평범한 접이식 빨래 건조대는 키가 작은 내가 사용하기에 딱 좋았다. 그 물건들은 특별히 장애인을 고려해 만들어진 것이 아니었는데도 집안에서 나를 유례없이 기능적이 되도록 해 주었다. '장애는 사회적으로 구성된다'는 말이 실감 나는 순간이었다.

얼마나 버틸 수 있을지 모르고 시작한 독립생활 구석구석에서 재미를 발견하기 시작했다. 우리는 밤마다 그날 하루에 있었던 일과 했던 생각, 갑자기 떠오른 기억들을 미주알고주알 이야기하면서 시간을 보냈다. 또 살림살이를 예쁘게 배치하고 청소와 정리에 신경 쓰며 집을 반짝거리게 유지하려고 했다. 방을 치우고 설거지를 하며 집안을 깨끗하게 유지하는 것, 밤마다 시간 가는 줄 모르고 나누던 수다, 매일 업데이트되는 마을 공동체 채팅창까지…. 새로운 장난감을 얻은 어린아이처럼 그 모든 것이 신나고 즐거웠다.

같이 산 지 6개월 만에 친구가 결혼을 하게 되면서 내 독립생활은 잠시 위기를 맞았지만, 그 덕에 짧게나마 오롯이 혼자 살아 볼 기회를 얻었다. 나는 혼자서 생각보다 많은 가사를 해결할 수 있었지만, 해결할 수 없는 치명적인 문제도 많았다. 쓰레기봉투를 묶을 수 없으니 쓰레기 처리가 어려웠고 국물 있는 음식을 조리해 먹을 수도, 넘어져 다친 무릎에 반창고를 붙일 수도 없었다.

다행히 집에서는 혼자여도 앞뒤 골목에 도움을 청할 수 있는 이웃이 많았다. 우리 집에서 모임을 하는 교회 사람들이 쓰레기봉투를 들고 나가 주었고, 일주일에 한 번 마을 공동 식사를 할 때 다양한 반찬을 얻어다 먹었다. 하루는 원피스가 너무 입고 싶어서, 옷을 들고 골목 건너에 사는 언니에게 가서 지퍼를 올려 달라고 한 적도 있다. 이 기간 동안 장애인 1인 가구에게는 가까운 곳에서 돌봄을 구할 수 있는 지역 공동체가 필수적이라는 것을 경험했다.

함께 살기의 규칙

두 달간의 1인 가구 생활을 마친 후에 교회 청년들이 함께 사는 공동체 하우스에 들어갔다. 그곳에선 다양한 룸메이트와 함께 사는 법을 배울 수 있었다. 새로운 사람을 만나는 것을 즐거워하는 내게 하우스는 안성맞춤이었다. 하우스에 입성하여 일고여덟 명의 룸메이트를 만나는 동안 3년이라는 시간이 훌쩍 흘렀다.

하우스에 처음 들어갔을 때 가장 연장자는 다진 언니였다. 언니는 따뜻하게 동생들의 말을 들어 주면서도, 자잘한 차이와 부딪힘은 시원시원하게 해결하는 법을 알았다. 서로 다른 네 명의 공동생활에서, 언니는 긴장을 내려놓고 가족이 되는 법을 알려 주었다. 언니의 유연함에서 나는 공동생활의 첫 번째 기준이 '사람'임을 배웠다. 기본 규칙도 있고 집안일도 나누어 담당하지만, 우리는 집의 상태보다는 서로를 살피는 데 더 집중했다. 서로의 장점으로 도움을 받고, 서로의 어려움을 위로하고자 했다. 위로하기 어려울 땐 옆에 있어 주기라도 했다.

막내 유연이는 인생의 모든 것이 아직 불안하고 어려웠다. 내가 그 불안을 해소해 주진 못했지만, 고민을 털어놓는 그녀에게 몇 년 더 살아 본 경험자로 삶이 생각보다는 괜찮을 수 있다고 끊임없이 이야기해 주었다. 환경과 인권 문제에 관심이 많은 혜은이는 우리가 좀더 친환경적으로 살림을 꾸릴 수 있게 해 주었으며, 페미니즘이나 장애에 대한 고민을 나눌 수 있는 친구이기도 했다. 한 사람 한 사람에게 집중하니 뻣뻣한 평가의 잣대를 내려놓는 연습을 할 수 있었고, 잣대를 내려놓자 하우스는 편안한 집이 되었다.

여러 사람과 함께 사는 하우스는 서로 어떻게 돌보고 어떻게 의존하는지 배울 수 있는 학교였다. 때로 긴장이 유발되는 순간도 있지만 대부분 깔깔대고 웃으며 마무리할 수 있는, 놀이터 같은 학교였다. 무엇보다 함께 살면서 우리는 '서로 살림'의 깊은 맛을 제대로 누릴 수 있었다. 룸메이트들은 모두 비장애인이었지만, 그들과 나는 똑같이 매 순간 돌봄이 필요한 존재인 동시에 서로를 돌볼 수 있는 존재였다. 룸메이트들은 함께하는 일상의 순간마다, 내가 평등한 돌봄 관계를 맺을 수 있는 사람이라는 걸 확신할 수 있도록 도와주었다.

특히 하우스에서 나는 가사 및 돌봄 노동을 하는 공동 주체로 인식되었다. 새로운 사람과 살게 되면 각자에게 익숙했던 살림의 기준이 조정될 수밖에 없다. 우리는 해야 할 '일'이 아닌, 함께 삶을 꾸려 가는 '서로'를 움직일 수 없는 기준으로 삼았다. 그러자 느리고 완벽하지 않은 나의 동작도 집안일에서 배제되어야 하는 이유가 되지 않았다. 새로운 질서 안에서는 안전과 효율, 양적 균형 대신, 서로의 상황과 마음을 헤아리는 합리성이 더 중요했다. 예를 들어, 나는 쓰레기봉투를 묶을 수는 없지만 내다 버릴 수는 있다. 그래서 쓰레기봉투를 묶는 일은 다른 사람 몫이었지만, 묶고 난 후의 일은 나를 포함한 모두의 일이 될 수 있었다.

하우스에서의 가사 분담은 시혜적이지도 기계적이지도 않았다. 룸메이트들은 내게 요구할 일을 요구했고 나는 필요한 도움을 그들에게 요청했다. 가끔은 귀찮은 일을 슬며시 서로에게 미루기도 했다. 물론 내가 말하지 않는 필요를 채워 주거나 내 몸 자체를 섬세하게 돌봐 주는 데는 가족을 따라갈 수 없었다. 하지만 룸메이트들은 내 몸을 편하게 하는 돌봄 대신 나를 동등한 관계로 초대하는 돌봄을 내게 주었고, 나는 관계의 새로운 규칙 안에서 함께 사는 사람을 돌보는 기쁨에 참여할 수 있었다.

사소해 보이지만 내게는 큰 변화였다. 내 곁에 있다는 이유만으로 '몰인정한 보호자' 취급을 받을 옆 사람을 생각해 내가 할 수 있는 일도 하지 못하고 손을 놓고 있어야 했던 적이 실제로 많다. 어디에 있든

나뿐 아니라 내 옆 사람도 판단하는 시선까지 고려해야 하는 상황만큼 숨 막히는 순간도 드물다. 하지만 우리는 그까짓 시선 따위는 대차게 무시해 버릴 수 있을 만큼 단단했다. 하우스가 위치한 곳은 주변에 보는 눈이 많은 작은 주택가였지만, 우리가 당당히 구축한 우리의 일상에 대해 말을 보태는 사람은 없었다.

룸메이트들과 함께 살면서 민주주의 사회에 필요한 합리성의 근간은 무엇보다 서로의 인격이어야 함을 배웠다. 우리는 서로 비슷한 능력을 가지고 있기에 동등한 것이 아니고, 함께 힘을 모아 추구해야 할 것은 수학적 공평이 아니었다. 모두의 인격이 존귀하기에 우리는 동등하며, 그 존귀함을 지키고 존중하는 것이 이 사회가 추구해야 할 합리성의 기준이 되어야 한다.

예민한 너와 둔감한 나의 동거

다진 언니가 결혼을 해서 나간 뒤에는 나보다 어린 동생들이 룸메이트로 들어왔다. 그중에서도 3년을 함께 지낸 혜리와 효나는 만사에 둔감한 나와 달리 상황과 사람의 마음에 예민하게 반응하는 친구들이었다. 효나는 자다가 작은 소리에도 깼다. 혜리는 직장 스트레스가 심해, 밤마다 파김치가 되어 돌아왔고 눈물을 보이는 날도 종종 있었다. 나는 글 마감이 다가오면 살림이고 뭐고 주변을 하나도 돌보지 않은 채 책과 자료를 잔뜩 늘어놓고 글쓰기에만 집중하곤 했다.

제법 잘 맞추며 살긴 했지만 우리의 관계는 자주 삐그덕거렸다. 노동의 양이 달라서가 아니라 서로에 대한 민감성이 달라서였다. 두 사람은 민감하게 느끼고 반응하는 사람들이라, 같이 살기 시작하자 금세 내 움직임의 특성을 파악했다. 그들은 비닐봉지를 묶을 때면 내가 풀기 쉽도록 묶어 두고, 물을 따를 때는 내가 흘리지 않도록 컵의 절반 정도만 따라 주곤 했다. 반면 나는 예민하지 못한 성격이고, 몸이 느려서가 아니라 센스가 없어서 룸메이트들의 감정과 필요를 읽지 못할 때가 많았다. 때로 상대의 감정을 눈치채지 못하고 말을 뱉거나 살림살이를 이상하게 배치하는 등, 룸메이트들이 섭섭하거나 짜증 날 수밖에 없는 상황을 만들었다. 그때마다 그들은 살림의 지혜를 알려 주고 내가 알아채지 못한 상황을 귀띔해 주면서, 내가 눈치 없는 민폐 덩어리로 남아 있지 않도록 도와주었다.

우리는 끊임없이 마음을 털어놓고 그 마음을 들으면서 크고 작은 갈등을 해결해 갔다. 서로 다른 민감성의 균형을 맞추는 방법 역시 서로에게 초점을 두는 길뿐이었다. 민감한 사람은 둔감한 사람을 수용하되 그가 필요한 만큼 민감해지도록 돌보았다. 둔감한 사람은 민감한 사람을 돌보는 데 필요한 기준점까지 자신을 끌어올리고자 애쓰되, 관계가 기울어지지 않도록 자신의 마음을 표현하는 것도 잊지 않았다. 둔감한 나와 민감한 친구들은 끊임없이 서로 기준을 조정해 갔다. 몸 때문이 아니라 둔감함 때문에 내가 미안해할 일도 많았지만, 가끔은 친구들이 내 둔감함에 의지해 편안하게 잠들기도 했기에 함께 살 수 있었다.

유리 멘탈 약쟁이들의 소란스러운 하우스

당연하게도 서로를 지키고 돌보는 일은 물리적인 가사 노동에서 끝나지 않았다. 몸과 마음을 직접 돌보는 일도 가사 못지않게 중요했다. 종종 하우스가 유독 시끌벅적해지는 밤이 있었다. 집안일이 아닌 사람 돌봄에 집중하는 시간이었다. 파스를 붙여 주고 가끔은 등도 밟아 주고 눈물을 닦을 수건을 가져다주곤 했다. 그중에서도 절대 지나치면 안 되는 돌봄은 단연코, 다 같이 직장 상사 욕해 주기였다!

다행히 하우스에서는 모두의 눈물과 고통, 엄살이 서로 비등비등하게 오고 갔다. 한 달에 한 번씩은 돌아가면서 눈물을 보이고, 서로 여기저기가 아프다고 난리였다. 멀쩡한 사람이 하나도 없었다. 각자의 책상에 약봉지 한두 개씩은 늘 있어서 우리는 장난삼아 서로를 '약쟁이'라고 불렀다.

독립하기 전, 나는 고통을 표현하기 전에 몇 번씩 머뭇거렸다. 내 고통은 곧 가족의 고통이었고, 가족은 나의 고통을 해결해 줄 수 없는 것을 속상해했기 때문이다. 그런데 하우스에 살면서 몸과 마음의 통증을 표현하는 일에 한결 자유로워졌다. 하우스에서는 내 엄살에 가족의 반응이 아닌 친구의 반응이 돌아왔다. 호들갑을 떨면서 공감해 주지만, 걱정 어린 표정이 30분 이상 지속되거나 해결책을 못 찾는다는 이유로 나보다 더 안달하는 사람이 없었다. 있지도 않은 고통의 제거법을 찾기 위해 고민하는 대신, 나의 현재 감정을 읽어 주며 함께 고통의 감탄사를 연발했다. 그 굵고 짧은 공감은 우리의 일상적인 몸과 마음의 통증을 비상이 아닌 일상으로 인정해 주었고, 덕분에 우리의 하우스는 아프면 아프다고 툭툭 내뱉어도 괜찮은 공간이 되었다.

아픔을 내 방식으로 표현하고 해석하는 작업은 어떤 면에서는 통증에 대한 의료적 처치보다 훨씬 효과적이었다. 내 몸의 상태와 '유리 멘탈'을 부정하지 않아도 된다는 건 나 스스로를 부정하지 않아도 된다는 의미였다. 룸메이트들과 엄살떠는 법을 연습하고 나서는 가족들에게도 마음을 더 자유롭게 표현할 수 있게 되었다.

한편으로 정서적 돌봄의 자리는 내가 돌보는 사람으로서 역량을 발휘할 수 있는 최적의 자리이기도 했다. 같이 사는 동생들이 통곡할 때마다 나는 휴지로 눈물을 닦으면 얼굴이 쓰라리다며 수건을 건넸다. 맘껏 울어도 좋다는 의미였다. 친구들은 많이 울어 본 사람만이 아는 지혜라고 큭큭댔다. '눈물 수건'은 곧 우리끼리 통하는 하나의 기호가 되었다. 동생들은 우리 집에 사는 사람은 다 한 번씩은 '큰언니가 건네는 눈물 수건'을 받게 될 거라고 했다.

서로 너무 다르고 각자 다른 부분에 예민하고, 유독 취약한 부분도 넘치는 우리가 이렇게 오래 붙어 있었다는 게 가끔은 믿기지 않는다. 우리가 강인해서가 아니라, 사실 모두 평균보다 조금씩 더 약하다는 걸 인정했기 때문에 가능했던 일인지도 모르겠다. 우리의 몸, 자존감, 정신 건강을 서로를 통해 지켜 나가면서 말이다. 그러니 우리의 독립생활은 곧 의존생활이기도 했다.

16. 연대
무지개를 함께 이는 사람들

좁히지 못한 거리

대학원 석사과정이 끝나자 갑자기 시간이 많아졌다. 그동안 여유가 생기면 꼭 하고 싶었던 일을 마침내 할 수 있게 된 것이다. 바로 장애인 친구를 사귀는 것이었다. 살면서 인연이 없었던 것은 아니지만, 계속 연락하고 지내는 장애인 친구는 거의 없다시피 했다. 대학에서 몇몇 친구를 알게 되었지만 학과가 달라 친해지지는 못했고, 회사에도 비슷한 시기에 입사한 장애인들이 있었지만 따로 모임을 가진 적은 없었다. 장애인 친구가 있었으면 좋겠다는 생각은 오랫동안 해 왔지만, 그렇다고 내가 나서서 친구를 찾아다니거나 모임을 만들지도 못한 채 시간만 흘러갔다.

돌아보면 나는 친구를 사귀고 싶다고 하면서도 장애인 동료들과의 거리를 굳이 좁히려 하지 않았다. 몇 가지 이유가 있었는데, 주된 이유는 내 안에 명확한 장애정체성이 정립되지 않았기 때문이었다. 내가 장애인이라는 사실을 부정한 적은 없지만, 내가 장애인으로서 어떤 말을 할 정도로 '충분히' 장애인인지, 다른 장애인들에게도 '같은 무리'로 받아들여질지에 대한 확신이 없었다. 내가 장애인으로 발화하려면 보다 더 움직임에 제한이 있고, 보다 많은 기회를 박탈당해 본 경험이 있어야 하지 않을까? 혹시라도 나보다 더 '불행한' 장애인들 사이에서 내가 충분히 '정치적으로 올바르지' 않거나 누군가를 차별하는 언행을 하게 될까 봐 두려웠다.

'내가 충분히 장애인인가'라는 질문은 이상한 질문이다. 언뜻 들으면 겸손 같기도 하지만, 장애의 정도를 따져 이를 일종의 자격과 연결시키는 것은 종종 장애에 대한 경직된 시선에서 비롯되는 장애 혐오에 불과하다. 장애인은 꼭 못 배우고 가난하고 불행해야 하는가? 다양성의 관점에서 장애인의 몸과 삶을 보지 못하면 장애인들에게 '장애인다움'을 강요하거나, 시혜적이고 차별적인 태도를 취하기 쉽다. 내 장애가 비교적 경증이라는 것에만 집중하면서 스스로를 다른 장애인들과 분리시켰던 나의 습관은, 중증장애인들이 나보다 불행하며 그러므로 나보다 더 나서서 말할 자격이 있다는 차별적 태도였다.

장애학에 빠지다

서른 살이 되던 해, 더 머뭇거리지 않고 걸음을 떼어 보기로 했다. 그 무렵 내 안에 새로 둥지를 틀기 시작한 통증과 동거하는 방법에 대해서는 의사보다 동료 장애인들이 더 전문가일 것 같았다. 비단 그것만이 아니더라도, 나처럼 '정상이 아닌 몸'으로 이 땅을 살고 있는 동료들을 만나고 싶었다. 비장애인들 친구들과 아무리 친하게 지내도 문득 혼자라는 생각이 드는 건 어쩔 수 없었다. 논문을 마무리할 무렵부터 SNS에서 장애에 관해 이야기하는 계정들을 찾아 팔로우하기 시작했다.

그러던 차에 기회가 왔다. 나와 비슷한 몸을 가진 대학 후배와 몇 년 만에 우연히 마주쳤는데, 그는 내게 '장애학'이라는 게 있다고 알려 주었다. 관련 책도 몇 권 소개해 주더니, 장애여성학을 함께 공부하는 장애여성들의 모임이 있다며 한번 와 보라고 했다. 내가 찾고 있던 바로 그 모임이었다. 가슴이 두근거렸다. 책이든 사람이든 얼른 만나고 싶었다.

내가 처음 읽은 장애학 책은 수전 웬델(Susan Wendell)의 『거부당한 몸』(그린비)이었다. 여성학자였던 웬델은 만성질환을 갖게 되면서, 장애와 만성질환이 있는 몸에 대한 사유와 여성주의의 전통을 결합시켰다. 그는 경험에 대한 성찰과 여성주의 이론을 바탕으로, 장애와 신체적 고통을 가지고 살아가는 삶의 가치에 대한 통찰력 있는 이론을 제시했다. 이 외에도 다른 장애학자들의 책을 읽어 가면서, 나는 장애를 가지고 살았음에도 난생처음으로 장애에 대한 새로운 관점을 갖게 됐다.

무엇보다 장애의 개념에 대해서만도 수많은 논의가 있어 왔다는 것이 놀라웠다. 일반적으로 정상적인 형태나 기능에서 벗어난 몸의 특성 정도로 여겨지던 장애가 새롭게 정의되기 시작한 시기는 1970년대 무렵이다. 비장애인과 분리된 채 시설에서 살기를 거부하기 시작한 영국의 UPIAS(분리에 저항하는 신체장애인 연합)는 "각 층을 잇는 계단, 부적절한 대중교통과 이동 수단, 우리에게 맞지 않는 주택, 공장과 사무실의 고정된 작업 방식…등으로 인해"(UPIAS 정책선언문, 1974) 손상된 몸을 가진 사람들이 배제되고 있다고 주장했다. 그들은 장애를 '비정상적인 몸'을 일컫는 말이 아니라, 특정한 몸을 배제하는 사회 구조 때문에 만들어지는 하나의 '상황'으로 이해했다.[16]

이와 같이 사회 구조와의 연관 속에서 장애를 파악하는 관점을 '장애의 사회적 모델'이라고 한다. 1970년대에 정립된 장애의 사회적 모델 이론은 '손상'(impairment)과 '장애'(disability)를 구분했다. 이 이론은 신체적 손상 자체가 곧 장애로 이어질 이유가 없다고 본다. 오히려 비장애인만을 위해 설계된 사회가 손상된 신체를 가진 사람들이 자유롭게 사회에 참여하지 못하도록 저해함으로써 장애인들을 '장애화'시킨다고 주장한다. 장애인의 몸이 문제가 아니라 장애인을 고립시키는 사회가 문제라는 이러한 관점은 세계 곳곳에서 진행되어 온 장애인 권리 운동의 중요한 이론적 기반이 되었다.

이후에도 장애인 운동가들과 장애 이론가들은 계속해서 장애에 대한 사유를 심화시켜 왔다. 그중에는 웬델처럼 사회 구조에 기인한 차별뿐 아니라, 신체적 손상과 사라지지 않는 고통에 대해서도 말할 수 있어야 한다고 주장한 사람들도 있다. 장애의 사회적 모델이 장애를 특수한 개인의 문제에서 모두의 보편적 문제로 변화시켰다면, 그 이후에 나타난 다양한 논의들은 사회 구조에 대한 논의로 해결할 수 없어 간과되어 왔던, 몸의 차이가 낳는 섬세한 문제 하나하나를 공론화시켰다. 이들은 장애와 질병에 대한 사유와 경험을 사회 공동의 자산으로 만들고, 비전형적 신체를 가진 개인이 홀로 감당해야 했던 과중한 부담과 외로움을 사회가 함께 짊어질 수 있는 다양한 방식을 모색했다.

나는 뒤늦게 만난 장애학에 순식간에 빠져들었다. 무엇보다 결코 해결되지 않는 문제와 고통을 회피하지 않고 자기 삶의 문제의식으로 기꺼이 수용하는 사람들에게 한눈에 반해 버렸다. 자신의 고통을 드러내기로 선택하고 타인의 고통에 눈감기를 포기한다는 것은, 고통을 정면으로 바라보며 살아야 함을 의미한다. 생각만 해도 피곤한 삶이지만, 온몸과 마음으로 내 옆의 너와 함께 사는 길이기도 했다.

장애여성들이 수다 떠는 법

후배가 초대해 준 장애여성모임에도 나가기 시작했다. 다양한 신체장애를 가진 일고여덟 명의 20-30대 장애여성 모임이었다. 걱정했던 것과는 달리, 새로운 친구들은 나의 무지와 무신경을 요목조목 지적하는 대신에 나를 환대해 주었다. 원래도 수다쟁이였던 나는 거기서 말이 더 많아졌다. 살면서 굳이 표현하지 않았던 수많은 감정과 말하지 않고 넘어간 불편과 모욕감을 그 모임에서는 모두 말할 수 있었다. 그것에 대해 말하는 사람이 나 혼자가 아니었기 때문이다. 우리는 온라인과 오프라인을 막론하고 쉴 새 없이 이야기를 나누었다. 잠시 자리를 비웠다 돌아오면 메시지가 50개, 100개씩 쌓여 있기도 했다. 10대로 돌아간 것처럼 서로 미주알고주알 마음의 이야기를 털어놓으며 같이 흥분하고 같이 웃고 같이 속상해했다.

우리 모임의 이름은 '장애여성정체성연구소 공간'이었다. 장애여성학이나 소수자 관련 글을 읽고 연구비를 지원받는 연구 용역을 함께 하기도 했지만, 수다를 떨고 휠체어 접근성이 있는 맛집을 찾아다니는 것이 보다 더 중요한 목적이었다. 함께 일해서 번 돈과 회비는 모임 때마다 문자 통역을 받는 비용과 식비로 알차게 사용했다.

사실 처음에 나는 '장애정체성'이라는 용어를 정확히 이해할 수 없었다. 장애인인 스스로에 대한 자부심을 강조하려는 표현 정도로 생각했다. 하지만 얼마 지나지 않아 장애인으로 사는 데 단단한 장애정체성을 갖는 것만큼 중요한 일도 없음을 깨닫게 되었다. 정체성(identity)이라는 개념에는 소속 집단에 대해 느끼는 소속감의 측면과, 집단 내의 다른 구성원과 자신을 구별하게 하는 고유성의 측면이 모두 있다.[17] 장애정체성이란 장애인으로 살면서 갖게 되는 정체성으로서, 장애인으로서의 몸과 그 몸으로 경험하는 사회적 제약에 대한 인식이자 장애인 집단에 대한 동료 의식을 포괄한다.[18] 장애인들이 자신의 몸과 그에 대한 사회적 시선을 받아들이는 방식, 그리고 다른 장애인들에 대해 갖는 인식이 모여 장애정체성을 구성한다.

한편 '수용'은 자신의 몸과 상황이 불편하고 손해로 여겨진다 해도 그것을 자신의 인생 이야기의 일부로 받아들이는 과정이다. 특히 '장애 수용'은 자기의 몸을 혐오하지 않고, 세상의 '정상' 기준과 위계에 종속되거나 차별 경험의 트라우마에 짓눌리지 않고, 자신에 대한 주체적인 인식을 갖고 살아가기로 하는 삶의 태도다.[19] 장애를 수용함으로 긍정적 관점을 갖게 되면 다른 장애인 집단에 대해서도 공감과 존중의 태도를 보일 수 있으며, 이는 다시 사회적 차별에 함께 저항하려는 동료 의식으로 발전된다. 이렇게 형성된 장애정체성은 자기 자신과 자신이 발 딛고 있는 상황, 장애인과 비장애인을 포괄하는 사회를 바라보고 해석하는 관점을 구성한다.[20] 그러므로 건강하게 확립된 장애정체성은 스스로의 삶을 이끌어 가고 동료 인간을 사랑하며 사회의 변화를 위해 적극적으로 참여할 수 있는 에너지의 근원이 된다.

이렇게 형성된 장애정체성은 장애인이 마주하게 되는 다양한 상황에서 스스로를 지킬 수 있게 해 준다. 비장애인 중심의 사회에 일방적으로 순응하는 대신, 세상에 장애인의 언어를 들려주고 새로운 세상을 기획해 볼 수 있게 한다. 장애인의 삶에서 이토록 중요한 장애정체성을 튼튼하고 건강하게 가꿔 가려면, 무엇보다 같은 장애정체성을 공유하는 동료들 사이에 자신을 두는 것이 필요하다. 내가 기독교인으로서 건강한 교회 공동체에 속하듯, 장애인 동료들에게 나를 노출시키고 그들과 함께하는 것 역시 중요한 일이었다.

장애여성정체성연구소를 시작으로 장애인들이 모인다는 곳을 여기저기 기웃거려 보았다. 장애인 운동판, 곧 '장판' 단체들의 SNS를 모조리 찾아보고 노들장애인야학이 있다는 동숭동에 가 보기도 했다. 장판과의 인연은 주로 SNS 등을 통해 간접적으로 이어졌지만, 그것만으로도 전보다 안정적인 자존감을 누릴 수 있었다. 장애인 동료들의 수백 가지 이야기에 시간 가는 줄 몰랐고, 새롭게 배운 관점으로 내 삶의 이야기를 재구성해 보는 재미도 쏠쏠했다. 내가 더 이상 이방인같이 느껴지지 않는 거대한 가족을 선물 받은 듯했다.

장애인 동료들이 모이는 곳에서는 장애의 중증도를 기준으로 서로의 이야기를 재단하지 않았다. 물론, 비장애인의 신체 기능을 '정상'으로 상정하고 여기에서 멀어질수록 커지는 장애의 중증도는 실제로 일상생활에서 느끼는 불편함의 정도와 직결될 때가 많다. 그래서 중증장애인들이 일상적으로 경험하는 불편과 차별에 대해 듣고 알아차리며, 비장애인 중심의 일상을 바꿔 가려는 노력은 계속 이루어져야 한다. 현실을 외면하지 않으면서도, 장애인들은 여러 모임과 현장에서 중증도에 따라 장애인의 '자격'을 구별하는 소모적 논쟁을 하는 대신, 서로의 독특한 몸의 경험과 감정에 귀를 기울이는 법을 터득해 갔다.

깊숙이 숨겨진 다양한 이야기를 찾아 귀를 기울인 이들의 노력은, 더 많은 사람들이 참여할 수 있게 문턱이 낮은 널찍하고 찬란한 광장을 만들어 냈다. 그 광장은 장애인과 비장애인, 많이 아픈 사람과 덜 아픈 사람, '정상'에 가까운 자리에서 산 사람과 '정상'과 멀리 떨어진 곳에 있었던 사람들이 서로를 만날 수 있는 공간이 되었다. 서로의 다름을 받아들이되 서로의 고통까지 수용하고자 모인 이들은, 어깨에 거대한 무지개를 나눠 지고 온 세상에 찬란한 오색 빛을 선사하는 사람들이었다.

표식 있는 자들의 춤사위

내가 한창 장애학과 장애인 공동체에 빠져 있던 시기에 때마침 한국 사회도 큰 변화의 몸살을 앓았다. 거리마다 촛불이 일렁였고, 곧이어 숨죽이고 있던 여성들과 소수자들의 목소리가 곳곳에서 터져 나왔다. 내 SNS 타임라인은 어느새 여성, 장애인, 성소수자, 외국인 등 이 땅에서 차별받는 사람들의 슬픔과 분노로 가득 찼다.

차별당해 본 사람들은 차별당하는 서로의 마음을 느낄 수 있다. 애쓰지 않아도 눈이 가고, 눈이 가면 내 마음과 삶을 보태고 싶어진다. 그런 식으로, 다르지만 같은 경험을 한 사람들이 서로를 알아보고 인사를 주고받았다. 갖가지 이유로 차별받던 사람들이 뭉치자, 새로운 문화가 만들어지고 세상을 정신 차리게 하는 시원한 변화가 현실화되기도 했다.

하지만 절망스러운 일도 많고 지칠 일도 많다. 차별받는 동료들과 그들의 고통과 감정에 기꺼이 예민해지는 사람들은 사실상 죽음으로부터 불과 한두 뼘 떨어진 곳에서 서로를 지탱하고 있다. 늘 모욕당할 위험에 노출되어 있고 똑같이 취약한 동료들의 곁을 지키는 자리는 죽음과 같은 차별의 독기를 견뎌야 하는 자리이기도 하다. 하지만 그 자리에서 누구보다 열정적으로 생명을 향해 움직이는 이들이 있다. 자신의 존엄을 지키기 위해, 문제는 자신이 아니라 자신의 존엄을 손상시키려는 자들이라고 말하기 위해, 모두가 모욕감 따위를 견디지 않아도 되는 세상을 기어이 만들어 보기 위해, 이들은 자신들의 인간됨을 부정하고 죽이는 사회 한가운데서 생명으로 가득 차 오늘을 살아간다.

죽는 것이 곧 사는 것이라고 말씀하신 분은 아마 우리가 서 있는 자리에서 맞아야 하는 매서운 바람을 이해하실 것이다. 그분은 이렇게 우리를 격려하신다. "적은 무리여 무서워 말라. 너희 아버지께서 그 나라를 너희에게 주시기를 기뻐하시느니라"(누가복음 12장 32절). 차별의 소식들, 차별에 다친 친구들의 소식에 속이 상할 때면 이 구절 앞에 한동안 머물곤 한다.

하지만 세상으로 나온 소수자들이 비장하기만 한 것은 아니다. 오히려 그 반대다. 장애여성 모임의 주목적을 맛집이라고 한 것은 반쯤은 농담이지만, 우리가 누리고 싶은 것은 정말로 소소함이다. 실제로 우리의 일상은 사소하고 피식거릴 일 투성이다. 휠체어에 낀 먼지를 닦지 않는다고 엄마에게서 잔소리를 듣고, 집안에서 어이없이 쿵 바닥을 찧고, 우리끼리 소수자가 아닌 사람들에 대한 유치하기 짝이 없는 풍자를 하며 놀기도 한다.

근래에는 소수자들이 직접 만드는 콘텐츠가 늘어나면서, 그들의 유머가 사람들을 매료시키고 있다. 영상 매체에 익숙한 2030 장애인 유튜버들은 자신의 일상을 기발한 웃음 포인트와 함께 사람들과 공유한다. 그들은 우리 사회의 비장애 중심성을 드러내면서도, 장애인 또한 함께 일상을 살아가는 사회의 구성원임을 재치 있게 보여 준다.[21]

내가 좋아하는 "굴러라 구르님" 유튜브 채널 소개에는 "어디에도 없지만 어디에나 있는 사람들 이야기를 하는 사람"이라고 적혀 있다. 해당 채널을 운영하는 뇌병변장애인 김지우 씨는 학창시절부터 친구들과 놀고 여행 가고 수능 준비하는 일상을 유쾌한 영상으로 담아냈다. 그런가 하면 유튜브 채널 "원샷한솔"을 운영하며 특유의 화법으로 시각장애인의 일상을 유머러스하게 소개하는 김한솔 씨도 많은 구독자들의 사랑을 받고 있다.

나의 장애인 동료들은 오늘도 버스 바퀴 밑에 들어가 '저상버스 도입'을 외치고, 행진하기 위해 무지개 깃발을 챙기고, 그러다가도 문득 장난스러운 윙크와 '업계 유머'로 사람들에게 말을 건다. 나는 잠이 덜 깬 채 눈을 껌벅이다가 그들의 윙크를 받고 정신을 차린다. 슬픔과 분노가 만들어 낸 불면을 해결하는 방법은 이불 속에 숨는 것이 아니라, 반대로 마음껏 외치고 우리의 몸 그대로 원 없이 춤을 추는 것이다. 늘 먼저 움직임으로써 나를 움직이게 하는 동료들에게 응원과 지지를 돌려주는 것이다. 차별받은 표식을 간직한 내가 단단한 터에서 즐겁게 춤출 수 있게 된 건, 다 멋진 춤사위를 알려 준 그들 덕분이다.

4부

잘 아플 권리를 위하여

17. 통증
설마 나랑 살러 왔니?

예상했던 불청객

신입사원은 아무리 자도 수면 부족이었다. 낯선 환경에서 새로운 관계와 일을 배우며 바짝 긴장한 채 하루를 보내다 보니, 그 어떤 활동을 하는 것보다 이불을 뒤집어쓰고 자는 시간만큼 아름답고 소중한 시간이 없었다. '저녁이 있는데 저녁이 없는 삶'이라 했더니, 선임이 피식 웃으며 최소한 1년은 그럴 거라고 했다.

입사한 지 6개월이 좀 넘은 어느 날 새벽이었다. 난데없는 불청객이 신입사원의 귀중한 잠자리를 침범했다. 첫 며칠은 작은 벌레 한 마리가 오른팔 알통 속에 들어와 콕콕 찌르는 느낌이었는데, 며칠 사이에 녀석이 쑥쑥 자랐다. 얼마 후엔 당장이라도 살집을 찢어발기고 나올 기세였다. 오른팔 알통이 금방이라도 터질 것 같았다.

최대한 버텨 보았지만, 결국 어느 날 양해를 구하고 30분 정도 일찍 퇴근해 동네 정형외과를 찾았다. 의사는 팔꿈치에 염증이 좀 있다며 물리치료와 진통제, 근이완제를 처방했다. 진통제를 며칠 복용했고, 근무 시간에 병원에 갈 수는 없어서 물리치료는 주말에만 받으러 갔다. 통증은 영 수그러들지 않았다. 직감적으로 내 몸의 특성이 통증을 유발하기 시작했음을 알았다. 언젠가 나이가 들면 몸에 문제가 생길 수도 있겠다고 막연히 추측하곤 했는데, 드디어 올 게 온 모양이었다.

내 몸은 전체적으로 왼쪽이 오른쪽보다 힘과 기능이 떨어진다. 특히 왼손은 떨림이 심하고 작업의 정확도가 떨어져서, 컴퓨터 업무를 포함해 일상생활에 필요한 대부분의 일을 오른손이 담당한다. 무게중심이 한쪽으로 쏠리다 보니 자연히 척추가 휘는 등 근골격계가 불균형해질 수밖에 없다. 일상의 거의 모든 일을 도맡는 오른팔에 과부하가 오는 것도 이상한 일이 아니었다.

엄마는 회사에 양해를 구하고 재활병원에 가 보라고 했지만 선뜻 그러기가 어려웠다. 재활병원은 담당 의사의 진료 시간에 맞춰야 하고, 물리치료를 받으려면 평일 업무 시간에 가야 했다. 한두 번이야 가능하겠지만, 회사를 다니면서 지속적으로 치료를 받긴 아무래도 무리일 것 같았다. 그러나 통증이 갈수록 심해졌기에 무언가 방법을 찾긴 찾아야 했다.

회사를 그만두세요

인터넷을 찾아보니 통증의학과라는 병원이 있었다. 과 이름에 '통증'이 들어가니 내 통증에 대해서도 뭔가 해 주겠지 싶은 기대를 품고, 토요일에 집 가까운 곳에 있는 통증의학과를 찾았다. 의사가 알려 준 진단명은 '테니스 엘보'였다. 팔을 많이 사용하는 사람들에게 자주 생기는 병이라고 했다.

"팔을 많이 사용하세요? 무거운 걸 많이 드는 직업을 가진 분들한테 많이 생기는 병이에요."

의사가 물었다.

"네. 책을 많이 들긴 해요."

"음…. 직장을 그만두세요."

"네? 물리치료 같은 게 없을까요?"

"물리치료는 운동인데, 지금은 운동이 아니라 쉬는 게 필요해요."

"다른 방법은 없을까요? 저 이제 취직한 지 얼마 안 됐는데 직장을 어떻게 그만둬요? 큰 병원이라도 가 볼까요?"

"큰 병원 가도 마찬가지예요. 쉬셔야 해요."

의사는 의학적으로 판단해서 한 말이었겠지만, 나는 당황스러울 뿐이었다. 아무리 그래도 처음 본 환자한테 직장을 그만두라니 너무 무책임한 말 아닌가, 내가 비장애인 남성이었다면 그런 말을 쉽게 할 수 있었을까 싶어 더 화가 났다. 경험한 바에 따르면, 통증의학과에서는 주로 완치가 어려운 고령자들이나 만성질환자의 통증을 완화하는 치료를 한다. 그래서 정형외과나 재활의학과보다 강한 진통제를 처방하는 등 더 적극적인 통증 완화 조치를 취하는 경향이 있는 것 같다. 그러니 일을 그만두라는 극단적인 처방까지 내린 것인지도 모르겠다.

아무 해결책 없이 빈손으로 병원을 나왔지만, 나와 엄마는 팔이 좀 아프다고 회사를 그만둘 수는 없다는 데 의견이 일치했다. 회사를 그만두고 공부를 하고 싶은 마음도 있었으나, 입사한 지 1년도 되지 않았는데 몸이 아프다는 이유로 그만두고 싶진 않았다. 일단은 가능한 데까지 버텨 보기로 했다. 우선 손목 보호대, 팔꿈치 보호대 따위를 주문했고, 회사에서는 상사들에게 자세한 상황을 털어놓는 대신 가깝게 지내는 선배에게 무거운 책 옮기는 걸 도와달라고 요청했다.

그다음으로 한 일은 내 몸을 협박하는 일이었다. "네가 아프면 회사를 그만둬야 하거든? 그러면 치료고 뭐고 굶어 죽어." 지푸라기라도 잡는 심정으로 한 말이었는데, 몸이 그 협박을 찰떡같이 알아들었다. 상태를 지켜보며 회사를 계속 다닐지 말지 생각을 정리하려던 2주가 지나자, 신기하게도 팔은 다시 멀쩡해져 있었다. 우리가 몸의 말에 세심히 귀 기울이다 보면 가끔은 몸도 우리의 말을 들어 주는 것 같다.

의사는 신중하게나마 불가능하다거나 어쩔 수 없다는 말을 할 수 있다. 자연법칙이나 전문가들이 인정하는 현대 의학에 기대서 하는 말이기 때문에 그들은 이런 말을 해도 안전하다. 반대로 만성적으로 아픈 사람은 불가능하다거나 어쩔 수 없다는 말을 할 수 없다. 그런 말로 자신의 삶과 일상을 중단할 수 있는 방법이 없기 때문이다. 통증이 출렁이는 일상 한가운데 떠 있는 사람은 어쨌거나 계속 노를 저을 수밖에 없다. 아무리 아프더라도 말이다.

재활병원의 문턱을 넘다

통증이 사라지고 한동안 별일 없이 회사생활을 하다가, 퇴사를 하고 대학원에 들어갔다. 월급을 받으며 다녔던 회사보다 돈을 내며 다니는 대학원의 노동 시간이 더 길었다. 하루에 두세 시간밖에 못 잘 때가 많았고 밤을 새우는 일도 부지기수였다. 통증이 돌아오지 않을 수 없는 생활이었다. 대학원에 다닌 지 1년쯤 지나자 다시 팔이 아프기 시작했다.

엄마는 이제 시간이 자유로우니 재활병원에 다니라고 했다. 엄마는 될 수 있으면 내가 장애인을 전문으로 진료하는 재활병원에 정기적으로 다니며 몸을 관리하길 원했지만, 나는 좀 머뭇거려졌다. 장애인들이 주로 받는 치료는 근육이 경직되거나 신체 움직임이 악화되지 않도록 관리해 주는 치료다. 본인의 필요에 따라 병원에 지속적으로 다니는 사람도 있고, 안 다니거나 부정기적으로 가는 사람도 있다. 하지만 본인이 원해서 치료를 안 받는 것과 치료를 못 받는 것은 천지 차이다. 한국엔 평생에 걸친 물리치료와 관리가 필요한 장애인들의 수요를 감당할 만큼의 병원이 없다. 병원에서 치료를 받더라도, 일정 기간 후에는 다음 환자를 위해 치료를 중단해야 하는 경우가 많다. 장애인들은 그걸 '병원에서 잘린다'고 표현하는데, 다니던 병원에서 '잘린' 사람들은 치료를 받을 수 있는 새로운 병원으로 옮겨 가거나 치료를 포기한다.

　이런 상황이다 보니 병원에서는 치료가 아주 시급하지 않은 환자에게는 운동을 통해 스스로 몸을 관리하길 권한다. 어릴 때부터 스스로 운동해야 한다는 말을 많이 들어 와서인지, 나는 재활병원의 한 자리를 차지하는 게 늘 민망했다. 녹록지 않은 병원과 환자들의 사정을 익히 들었기에 '중증'장애인이 아닌 나는 웬만하면 혼자 몸 관리를 해야 할 것 같았다. 그런데 몸에 이상이 생기자 다 내 책임인 것 같아 떳떳하지 않은 마음이 들었다. 나이가 들면 누구나 아프기 마련이고, 균형이 맞지 않는 몸으로 살다 보면 더 자연스러운 일이건만, 온 세상에 미안해해야만 할 것 같았다.

　회사에 다닐 때 찾아갔던 병원에서는 나으려면 회사를 그만두라는 말을 들었던 터라, 병원에 가기가 더 머뭇거려졌다. 장애인이 많이 다니는 재활병원은 다른 병원들보다 내 사정을 좀더 알아줄 것 같기는 했지만, 어떤 의사를 만날지는 모를 일이었다. 만약 의사가 돈도 벌지 못하는 대학원을 그만두라고 하면 나는 어떤 근거로 저항할 수 있을까? 재활병원에서 내 삶에 문제가 있다는 소리를 들어도 흔들리지 않을 수 있을까?

　하지만 언제까지 병원에 가지 않을 수는 없었다. 결국 재활병원에 예약 전화를 한 후, 마음을 단단히 하는 작업을 했다.

　'내가 선택한 내 삶인데 왜 내가 변명을 해야 하지? 내 몸 좋자고 만나는 의사한테? 도둑질하는 것도 아닌데. 내가 내 삶으로 무슨 짓

을 하든 내 권리 아닌가. 의사가 뭐라고 하든 기죽지 말자.'

병원에 가기 전날 밤 전의를 다지며 잠을 청했다.

일상을 유지하세요

새롭게 만난 재활병원 주치의는 신중해 보였고 말투는 정중했다. 평생 만나 온 의사 중에 환자에게 이렇게 정중한 존댓말을 쓰는 의사는 처음이었다. 물론 그전엔 내가 미성년자였거나 어릴 때부터 본 의사를 계속 만난 탓도 있겠지만, 진료실에서 존중받는 기분을 느낀 것은 거의 처음이었다.

"선생님, 통증의학과 선생님이 일을 그만두라고 하셨는데 그럴 수는 없어요."

성인 뇌성마비를 주로 진료한다는 주치의는 내가 설명하는 증상을 단박에 알아들었다. 의사가 일을 그만둘 수 없다는 내 말에 고개를 끄덕이는 걸 보니 그제야 마음이 놓였다. 성인 뇌성마비인에게 흔한 증상이라는 설명에도 안심이 되었다. 그는 마지막으로 이렇게 말했다.

"저희가 관리해 드릴게요."

그는 몸에 무슨 짓을 했냐고 따져 묻지 않았고, 재활병원에서 늘 듣던 '운동하라'는 흔한 잔소리도 하지 않았다. 대신 내가 고통을 표현할 때 말을 자르지 않았고, 몸의 상황과 상관없이 일상을 지킬 나의 권리를 인정했다. 그리고 내가 무엇을 해야 하는지가 아니라, 자신이 해 줄 수 있는 것에 대해 말했다. 병원에서 몸을 관리해 주겠다는 당연한 말을 들었는데 눈물을 쏟을 뻔했다. 아무와도 나눌 수 없는 통증을 경험하면서 내가 잘 살고 있는지마저 불안해했던 그간의 외로움이 조금은 매만져지는 것 같았다. 진료 시간 3분 만에 나는 새로운 주치의의 팬이 되고 말았다. 그의 진료실을 오갈 수 있다면, 앞으로는 좀 덜 외로울 것 같았다.

사실 큰 대학병원에서도 할 수 있는 건 많지 않았다. 거기서만 받을 수 있는 작업치료는 내 몸 상태에서는 큰 효과를 기대할 수 없는 손 기능 향상이 주목적이었고, 통증을 완화하는 통증치료도 동네 정형외과에서 해 주는 것과 별반 다르지 않았다. 재활병원에서 주로 이루어지는 치료는 아직도 장애인이 그들의 몸으로 편하게 살아가게 돕기보다, 의학이 규정한 '정상적인' 기능을 돌려주는 데 더 집중하고 있는 것 같았다. 찜질, 전기치료, 초음파치료로 이루어진 통증치료는 기초적인 것이어서 굳이 재활병원에 다녀야 할까 싶었다. 하지만 주치의가 좋은 사람 같고, 무엇보다 병원이 가까운 거리에 있어서 치료를 받아 보기로 했다.

다행히 매주 정기적으로 치료를 받으니 제법 통증이 완화되었고, 덕분에 수업 학기를 무사히 마치고 논문 학기로 접어들 수 있었다. 하지만 논문을 쓰기 시작하자 위기가 찾아왔다. 논문을 쓰려니 스트레스도 커지고 연구실에서 끙끙대며 앉아 있는 시간도 더 길어졌다. 겨울밤엔 근육이 더 경직되고 통증이 심해져서 잠 못 이루는 밤도 많아졌다. 논문 계획서 발표를 한 달여 앞둔 연말연시쯤엔 오른팔의 통증이 정점을 찍고 있었다. 참다못해 주치의를 찾아갔다.

"좀더 근본적인 치료는 없나요?"

재활병원 의사에게 '근본적인 치료'를 요구해도 소용없다는 걸 알지만 죽는 소리라도 해 봐야 했다. 물론 그런 건 없었다. 의사는 받던 치료를 계속해 주겠다며 나를 토닥였다. 그는 이미 치료를 못 받으면 대학원 졸업을 못 할 것 같다는 내 엄살에 꽤 오랫동안 처방을 유지해 주고 있었다. 환자를 순환시켜야 하는 큰 재활병원에서 쉽지 않은 일이었을 텐데 말이다. 하지만 그 정도로 위안 삼으며 물러나기엔 통증이 너무 심했다.

"선생님, 저 진짜 너무 아픈데 좀 쉴까요?"

이 말에 의사는 나를 똑바로 쳐다보며 말했다.

"아니요. 절대 쉬지 마세요. 일상을 유지하세요."

순간 내 귀를 의심했다. 이런 말을 할 줄 아는 의사가 우리나라에 있다니. 병원을 나와서 '일상을 유지하라고 할 거면 안 아프게 일상을 유지하게 해 주든가'라고 투덜댔지만, 사실 마음에 없는 소리였다. 의사의 단호한 표정과 말은 아등바등 일상을 지켜 내려던 나에 대한 확실한 지지였다. 콧등이 시큰했다.

매주 두 번씩 병원에서 치료를 받으며 논문 심사를 치렀다. 내 사정을 아는 치료사가 환자가 없는 시간에 연락을 주면 연구실에 있다가도 추가 치료를 받으러 가기도 했다. 연구실에서 밤을 새우고, 첫차를 타고 집에 들어갔다가 네다섯 시간 잔 뒤 다시 출근하는 것이 일상이었다. 그나마도 두세 시간은 통증 때문에 잠을 이룰 수 없었다. 그래도 어떻게든 글은 써졌고 통증도 손을 완전히 정지시키진 못했다.

이렇게까지 하면서 논문을 완성해야 하나 싶고, 장애 인권에 폐가 되는 짓을 하는 것 같아 죄책감마저 들었다. '장애에도 불구하고' 살아가고 무언가를 이루는 '극복 서사' 따위는 절대 만들고 싶지 않았는데…. 남들은 참지 않아도 되는 통증을 참아 가며 일하는 것도 억울한데, 결과를 이루면 제멋대로 대단하다느니, 장애의 어려움을 극복했다느니 해 대는 말까지 들어야 하는 게 싫었다.

그건 대단한 게 아니었다. 그저 내가 가고 싶은 목적지에 도달하는 길이 하나뿐이고 딱히 방향을 틀 만한 길도 보이지 않아서 그냥 계속 길을 간 것뿐이었다. 사실 그때 내 엄살을 들었으면 역작이라도 쓰는 줄 알았을 것이다. 하지만 누가 읽을까 봐 부끄러운 석사 논문 한 편을 논문 데이터베이스에 올리는 과정이었을 뿐이다. 그 길의 각도가 비장애인보다 좀 가파르기는 했지만 말이다. 억울한 마음도 들었지만, 어쨌든 가파른 길을 선택하고 걸을 수 있는 내 권리를 지켜 주고 지지해 주는 사람들 덕분에 나는 그 학기에 졸업을 할 수 있었다.

아파도 잘 살고 싶은데요

논문 학기가 끝나자 간신히 버티던 몸이 여기저기 삐그덕거리기 시작했다. 특히 골반이 아파 앉아 있을 수가 없었다. 골반과 무릎 등에 찾아온 관절염 때문에 진통소염제를 복용하기 시작했다. 나는 남은 인생 동안 통증이란 녀석이 떠나지 않고 내 곁에 있을 것임을 서서히 깨달아 가기 시작했다.

다행히 재활병원에서 만난 의사와 치료사들은 내 고통을 무시하지 않으면서도 무던하고 차분하게 함께해 주었다. 비슷한 환자들을 많이 보는 사람들로서는 당연한 일일 수도 있겠지만, 그들을 통해 내게 찾아오는 새로운 감각들에 너무 긴장하거나 두려워하지 않는 법을 익힐 수 있었다. 그러는 동안 나의 몸, 나의 장애, 특히 내가 데리고 살아야 할 통증과 고통에 대해 공부하고 성찰해 볼 때가 되었음을 느꼈다.

대학원생의 습성대로 도서관과 논문 사이트부터 뒤졌다. 뇌성마비는 꽤 흔한 장애임에도 불구하고 일반 대중을 위한 책은 거의 없다시피 했다. 장애아동의 부모를 위한 책과 의사를 위한 책은 있었지만, 성인 장애인 당사자를 위한 책은 단 한 권도 찾을 수 없었다. 책의 세계 속에서 장애아동은 성인이 되지 못하는 존재였고, 전문가의 책은 장애인의 보호자들에게만 말을 걸었다.『뇌성마비인 건강백과』하나쯤은 있을 법도 했지만, 없었다. 장애인 당사자를 위한 콘텐츠의 부족을 경험하면서 씁쓸한 입맛을 다실 수밖에 없었다.

그다음으로는 통증을 가지고 살아가는 법에 대한 자료를 찾기 시작했다. 최근 들어 장애와 질병에 관한 책들이 쏟아지고 있지만, 몇 년 전만 해도 통증에 대한 책은 의사들이 쓴 만성통증 관리법 책 몇 권이 다였다. 건강하게 사는 법을 알려 준다는 정보는 넘쳐 났고 아픔을 줄이는 방법을 알려 준다는 사람도 수두룩했지만, 아프면서 잘 나이 드는 법, 아프면서도 잘 사는 법에 대해 알려 주는 사람은 없었다.

공교롭게도 통증과 함께 사는 사람들의 이야기 중에 내가 처음 접한 것은 안락사에 대한 이야기였다. 내가 통증에 대해 본격적으로 생각하기 시작했을 때 중증장애인의 안락사를 다룬 영화 <미 비포 유>가 개봉했고, 그 무렵 만난 만성질환자 한 사람은 안락사에 대한 구체적인 고민을 하고 있었다. 삶의 의지의 최절정으로 보이는 휠체어 마라톤을 완주한 후, 이 마라톤을 끝으로 안락사를 하기로 했다고 고백한 어느 장애인 육상 선수의 인터뷰가 오랫동안 나를 멍하게 하기도 했다.

나는 어느새 보편화되어 버린 안락사에 대한 담론이 영 마음에 들지 않았다. '아픈 사람은 어떻게 잘 살 수 있을까?'라는 질문에는 아무도 답하지 않은 채 안락사 이야기만 잔뜩 양산되는 모양새가 싫었다. '벽에 똥칠할 때까지' 살 자유가 있어야 그것을 회피하는 선택도 진정 선택이라 할 수 있지 않은가? 하지만 아파서 누군가에게 의존해야 하는 사람에겐 선택권조차 없는 것 같았다. '의식 있는' 사람들의 '민폐 끼치지 않을 때까지만 살고 싶다'는 말은, 누군가에게 의존하며 살아야 하는 사람들의 선택권을 짓밟는 것 같았다. 치매에 걸리거나 움직이지 못하게 되었을 때 오래 살고 싶어 하면 큰일 나는 사회가 되어 버리고 말았다.

어느 날 누운 채로 가만히 통증을 느끼다가, 나는 한 가지를 결심했다. 아무리 아프더라도 죽고 싶다고 생각하지 않기로. 그리고 하나님한테 생색을 냈다. "하나님한테 도리 지키는 거예요. 아시죠? 근데 너무 아프면 이 몸으로 백 살까지 살아야 하나 싶어 끔찍해지거든요. 나도 상도를 지키니 하나님도 상도를 지켜 주실 거라 믿어요." 다행히도 하나님은 늘 '상도를 지키는 것' 이상으로 나를 감동시키는 분이라는 걸 차차 확인할 수 있었다.

　죽는 게 답이 아니라는 건 알겠다. 하지만 그러면 어떻게 살아야 할까? 조금만 무리하면 당장 팔이 욱신거리고 골반이 아파 오래 앉아 있을 수도 없는 몸으로 사는 인생은 어떤 것일까? 몸이야 운동하고 병원 다니며 관리할 수 있다 쳐도, 정신적 스트레스는 어떻게 관리할 수 있을까? 장애인으로 태어나 차별당한 것도 억울한데 아프기까지 했다. 적어도 우울하거나 불행하고 싶진 않았다. 아프면서도 잘 사는 법을 배우고 싶었다.

　대학원 졸업 직후, 에너지는 고갈 상태였고 내 온몸은 통증의 놀이터가 된 것 같았다. 멍하니 통증과 함께 누워 있으면 인생에 대해 아무 생각을 할 수 없었다. 앞날도 모호한 데다, 내게 찾아온 통증이 어떤 변화를 보일지, 통증과 함께 사는 삶은 어떨지 머리에 떠오르는 게 하나도 없었다. 내 몸과 삶에 계속 어떤 일이 벌어지고 있는데, 그 일을 표현하고 정리할 수 있는 언어가 내 안에 없었다. 내가 내 삶에서 소외되고 있었다.

　의료사회학자 아서 프랭크(Arthur W. Frank)는 책『몸의 증언』(갈무리)에서 아픈 사람이 직접 자신의 목소리로 자신의 이야기를 하는 것의 중요성을 강조한다. 갑자기 환자가 되어 혼란에 빠진 사람들은 자신의 목소리를 잃는다. 아픈 그들 대신 전문가인 의사가 모든 것을 설명한다. 하지만 프랭크는 아픈 사람들이 아픔의 혼돈에서 벗어나 질병과 함께 살게 된 스스로의 이야기를 구성할 수 있는 목소리를 되찾을 때에야, 자신의 인생에 대한 주도권과 자아를 회복할 수 있다고 주장한다. 석사 논문을 쓰고 나서 누워 지내던 내가 그랬다. 내 삶에 대해 어떤 이야기를 할 수 있을지 종잡을 수가 없어서 아무것도 할 수가 없었다. 나는 그 시간 동안 내가 따라 걸어갈 만한 스토리라인을 찾아 헤매고 있었다.

18. 노동
이것도 노동이다

무엇이 노동인가

서른 살 여름, 반쯤 넋이 나간 채로 석사학위 논문을 마무리하고 보니, 남은 것은 너덜거리는 몸과 박사가 넘쳐 나는 이 시대에는 쳐 주지도 않는다는 석사학위증 하나뿐이었다. 나이, 몸 상태, 경력 등 내가 가진 '스펙' 중에 쓸 만한 건 하나도 없어 보였다. 인문학 석사학위증을 가진 30대 장애여성은 어디에 원서를 넣는 것이 적당할까? 허리 통증 때문에 수시로 자세를 바꿔야 하는 내가 회사에 들어가면 사무실 분위기를 해치지는 않을까? 만약 프리랜서가 된다면 경력을 이어 나가기 위해 내 경쟁력을 끊임없이 높여야 할 텐데, 그건 가능할까?⋯. 온갖 질문이 꼬리를 물었다.

가능한 선택지 가운데는 공무원이 되거나, 장애인 특채가 있고

4대 보험이 확실히 보장되는 안정적인 직장에 들어간 뒤, 장애인고용공단에서 서서 일할 수 있는 높이조절 책상을 지원받는 정도가 최선이었다. 실제로 많은 장애인들이 공무원 시험이나 공기업 취업에 도전하고 있다. 눈에 보이는 조건들을 기준으로 소거법을 적용하다 보면 자연스레 진로가 좁혀졌다. 하지만 조건만 따라가는 삶은 영 내 입맛에 맞지 않았다.

사람은 노동을 통해 사회에 참여하고 창조력을 발휘하여 공동체에 기여한다. 노동권은 시민권의 핵심 중 하나이며, 나 또한 다른 장애인 동료들과 마찬가지로 그 권리를 정당하게 행사하고 싶었다. 하지만 어디부터 어디까지가 노동이고 무엇은 아닌가? 노동의 개념은 산업사회가 시작된 이후부터 지금까지 크게 변하지 않았다. 곧 노동은 어떤 가치를 생산하는 인간의 활동이며 가치 생산자에게는 대가가 지급된다. 이윤 중심의 자본주의 사회에서는 경제적 이윤만이 유효한 가치로 인정되므로, 이윤을 창출하는 활동만이 노동으로 인정된다.[22] 그런데 노동의 형태가 다양해진 오늘날에도 경제적 이윤은 이미 누군가 정해 놓은 형태와 속도대로 움직여야만 만들어지는 경우가 대부분이다.

장애 운동가이면서 한국 사회에 장애학을 소개하기 위해 번역과 저술 활동을 하고 있는 김도현은, '활동 → 대가(이윤) → 가치'로 이어지는 현재의 화살표의 방향을 '활동 → 가치 → 대가'로 되돌려 놓는 데서부터 장애인의 노동권 논의가 출발할 수 있다고 말한다.[23] 노동에 대한 새로운 규정이 필요하다는 주장이다. 아주 새로운 이야기는 아니다. 대표적으로 일찍부터 제기되어 온, 돌봄 노동을 재평가해야 한다는 주장이 있다. 페미니스트 학자들은 전통적으로 여성들의 무임 노동으로 이루어져 온 돌봄 노동의 가치를 사회적으로 인정해야 한다고 주장했고, 돌봄 노동자들에게 적절한 사회적 보상을 지급하는 방안을 계속해서 연구하고 있다.

설레게도, 우리 사회에서 노동을 새롭게 정의하고 그동안 노동자가 될 수 없었던 사람들이 노동자가 되는 일이 일어나고 있다. 한 예로, 2020년부터 시작된 "서울형 권리중심 중증장애인 맞춤형 공공일자리"(이하 "권리중심 공공일자리") 제도로 중증 발달장애인과 뇌병변장애인들이 취업을 했다.[24] 중증장애인의 공공일자리 확보를 위한 장애 운동계의 투쟁과 노동에 대한 새로운 상상이 함께 이뤄 낸 성과였다.

이 사업은 두 가지 점에서 노동에 대한 패러다임의 전환이었다. 첫째, 기획 단계에서부터 중증장애인이 할 수 있는 일을 만드는 작업이 진행되었다. 일에 사람을 맞추는 것이 아니라 사람에게 맞는 일자리를 개발한 것이다.[25] 둘째, 이 사업에서 장애인 노동자들은 이윤을 창출하는 상품이나 서비스를 생산하는 대신 '권리'를 생산한다. "권리중심 공공일자리"에 고용된 노동자들의 직무는 1) 권익 옹호 활동, 2) 문화예술 활동, 3) 장애인식 개선 강사 활동 등이다. 이를 통해 "UN 장애인권리협약"(이하 "권리협약")의 내용을 대중들에게 알리는 한편, 장애인의 권리가 침해되는 상황에 항의하고 이를 바로잡기 위한 활동을 한다. 한국 정부가 비준했음에도 그동안 실질적으로 이행되지 않고 있는 "권리협약"의 내용이 한국 사회에 실현되도록 하는 것이 이 노동의 목적이다. 장애인 노동자들은 특히 중증장애인들이 시설에서 나와, 당연한 권리를 보장받으며 함께 살아갈 수 있는 지역사회를 만들기 위해 일한다.[26]

장애인 노동자들의 일은 이윤을 창출하지 않으므로 자본주의적 인식에서는 노동으로 인정받을 수 없는 활동이다. 하지만 사회에 꼭 필요한 가치를 생산한다는 점에서 이 일은 매우 중요한 노동이다. 소수가 아닌 공동체의 많은 구성원이 함께 누릴 수 있는 가치를 생산한다는 점에서 더욱 그러하다.

사회가 공유할 수 있는 가치를 생산하는 노동에 대해 대가를 지불하는 것은 지극히 당연한 일이다. 무엇이 대가를 지불하기 합당한 노동으로 인정되는가에 대한 사회의 기준은 그 사회가 어디에 가치를 두느냐에 따라 결정된다. 반대로 생각하면, 사회가 지향하는 방향을 바꾸고 싶다면 새로운 일을 수행한 다음 그 일이 사회가 인정해야 하는 노동이라고 주장하는 방법도 있다.

나의 일로 세상을 설득하기

돌이켜 보면 나는 사회에서 자연스럽게 '돈 버는 일'로 여겨지는 일을 하고 싶었던 적이 없다. 항상 글을 쓰거나 인문학 연구를 하고 싶었고, 심지어 30대로 접어든 마당에 장애에 대해 글을 쓰고 연구를 시작하면 어떨까 궁리하고 있었다. '제발 정신 좀 차리자'를 수천 번 되뇌어도 소용이 없었다. 결국 스스로를 설득하는 쪽보다 세상을 설득하는 쪽을 택하기로 했다.

말을 하고 싶었다. 내가 가진 것 중 세상과 공유할 만큼 가치 있는 것은 삶의 여정을 통해 형성된, 중첩된 정체성으로 세상을 바라보는 나의 눈일 것 같았다. 명확하게 설명한 적은 없지만, 어릴 때부터 늘 글 쓰는 일 언저리를 떠나지 못했던 이유도 '나의 말'을 하고 싶다는 막연한 갈망 때문이었다.

다행스럽게도, 2016년 이후 페미니즘과 소수자 인권에 대해 쏟아지기 시작한 사회적 관심은 내가 뛰어놀기 좋은 분위기를 만들어 주었다. 대학원에서 함께 공부했던 선배와 동료 들은 SNS에 개인적으로 올리는 내 글을 격려해 주었다. 물론 전업 작가나 연구자의 삶의 불안정성을 알기 때문에, 글을 쓰는 걸 직업으로 삼으라고까지 조언하는 사람은 드물었다. 하지만 그들은 내가 어떤 방식으로든 말하고 써야 한다고 지지해 주었다. 이런 동료들을 만나게 되는 건 그냥 지나칠 수 없는 천재일우의 행운이었다. 현실적으로 내가 연구자로 살아남을 수 있는 가능성은 거의 없어 보였지만, 그 행운에서 도저히 눈을 뗄 수 없었다.

해 보고 후회하는 편이 안 해 보고 후회하는 것보다 낫다고 믿는 쪽이지만, 연구자로 살겠다는 결정은 그 어떤 결정보다 어려웠다. 인문학 연구자로 먹고살기 위해서는 무조건 두세 가지 이상의 일을 병행해야 했다. 박사과정에 다니는 사람들은 풀타임 직장에 다니면서 온갖 휴가를 다 끌어다 쓰며 수업을 듣고 논문을 쓰든지, 그게 아니면

서너 개의 아르바이트와 공부를 병행했다. 석사 졸업 직후 허리가 아파 앉지도 못하고 선 채로 간신히 아르바이트 한두 개를 감당하던 내 상황에서는 엄두조차 나지 않는 삶이었다.

나를 더 주저하게 했던 문제는 연구자는 프리랜서처럼 일해야 한다는 것이었다. 통증이 찾아오면 자세를 수시로 이리저리 바꾸어야 하는 내 몸에는 사무실 근무보다는 시간과 공간이 다소 자유로운 프리랜서 생활이 더 적합할 것 같다는 생각을 한 적도 있다. 하지만 현실적으로 장애인 프리랜서가 받을 수 있는 지원은 전무했다. 장애인 노동자가 맞춤 기자재나 근로 지원인 등의 서비스를 제공받으려면 직장에 정식으로 고용되어야 했다. 프리랜서로 일한다는 것은 장애인고용공단에서 무언가를 지원받을 여지가 사라진다는 뜻이었다.

단기간의 고용 관계에서는 내 신체적 특성을 고려받기가 어려우므로, 나의 노동 조건을 내가 구성하고 책임져야 한다. 쉽게 할 수 있는 선택은 일의 가짓수를 줄이는 것인데, 일을 줄이면 당연히 수입도 줄어든다. 내 몸이 언제까지 노동을 감당할 수 있을지 알 수 없는 데다 의료비를 포함해 몸을 건사하는 데 드는 비용이 평균을 웃돌 것을 고려하면, 박사 과정에 진학하여 살게 될 연구자의 삶이란 내가 절대 선택해서는 안 될 불안정한 삶이었다.

노동의 형태는 갈수록 다양해지고 있다. "권리중심 공공일자리"처럼, 장애인이 참여할 수 있는 새로운 형태의 일자리도 생겨나고 있다. 하지만 아직도 대부분의 직업 영역에서 장애인 노동자를 위한 적절한 지원 체계가 마련되어 있지 않다. 그 때문에 장애인들은 많은 직업에 접근하지 못하거나, 설령 진입하더라도 홀로 분투하는 경우가 많다. 예술가, 연구자, 프리랜서 등은 자율성이 커 보이는 직업이지만, 지원 없는 자유는 장애인에게는 전혀 자유가 될 수 없다.

다행히 내가 들어가려던 연구자 집단에는 소수자의 인권을 중시하고 서로를 존중하는 분위기가 형성되어 있었다. 하지만 노동 특성에 맞게 장애인 동료를 지원한 경험이나 관련 시스템이 갖춰져 있을 리는 없었다. 내가 가려는 과에서 박사를 졸업한 장애인이 있다는 이야기조차 들어 보지 못했다. 박사 진학 이후 내가 맞닥뜨릴 악조건만 열 개는 나열할 수 있었다. 하지만 장애인이 없는 곳에 머무르고 싶다는 내 오랜 포부를 이어 갈 수 있는 기회로 보이기도 했다. 장애라는 주제로 뭐라도 해 보고 싶은 마음이 이미 나의 합리성을 마비시켜 버렸다.

어영부영 쓰고 말하기 위하여

결국 대학원에 입학 원서를 내면서, 내가 앞으로 둥지를 틀어야 할 '바닥'을 분석해 보았다. 비장애인과 똑같은 조건에서 어떻게든 버티든지, 내가 받을 수 있는 지원을 쟁취해 내든지 둘 중 하나를 해야 했다. 이전까지 나를 둘러쌌던 조건과 크게 다를 게 없었다. 평생을 연마해 온 만큼, 비장애인과 비슷한 척하며 사는 기술에는 꽤 익숙했다. 하지만 내 몸은 갈수록 새로워지고 있었다. 무엇보다 장애에 대한 말을 하겠다고 밝히며 들어가는 것이니만큼, 전략을 좀 바꿔야 할 것 같았다.

장애인의 대표나 역할 모델 노릇도, 비장하게 역경을 헤쳐 나가는 감동 포르노의 주인공도 되고 싶지 않았다. 굳이 무언가를 보여 줘야 한다면, 차별을 견디며 살아야 할 미래를 불안해하고 우울해하는 후배 장애인들에게 "괜찮아. 우리도 어영부영 살아도 재밌게 살 수 있어"라고 몸으로 말해 주고 싶었다.

그러나 바람과는 정반대로, 이번에도 대학원 생활은 내 몸을 한계까지 밀어붙여야 하는 삶이었다. 진통제를 털어 넣어 가며 밤새 글 쓰고 일하는 일상이 시작되었다. 어쩔 수 없는 일이었지만, 의지적으로 열심을 조금이라도 덜 내고 최대한 게을러 보기로 했다. 연구자로서의 포부는 최소화하고, 엄살은 최대화하는 게 나의 전략이었다. 최대한 나의 필요를 떠벌리되, 설사 그것이 충족되지 않더라도 비장애인들 중심의 질서 속에서 그들에 비해 내가 더 져야 할 부담이 어떤 것인지 끊임없이 상기시키고 싶었다.

익숙한 일은 결코 아니었다. 다름과 약함을 드러내는 위험한 일을 자처하기에 나는 너무 소심한 겁쟁이였다. 그럼에도 불구하고 그게 내가 선택한 노동이었다. 나의 경험과 감정을 들려주는 일과, 더 나아가 기독교인이자 한국인이자 인문학을 사랑하는 장애여성의 관점으로 더 큰 이야기를 해석해 내는 일이었다. 내가 세상에 줄 수 있는 그나마 가장 좋은 것, 내가 하는 일에 대해 사회가 내가 살아갈 수 있을 만큼의 대가를 지불해야 한다고 우겨 볼 만한 일이었다.

동료 연구자들이 일을 서너 개씩 하면서 글을 쓸 때, 나는 고작 아르바이트 한두 개 하면서도 매주 한의원에 들락거려야 겨우 몸을 건

사한다. 다행히 내가 머물게 된 학계에는 남들보다 느리게 움직이면서도 장애를 주제로 글을 쓰고 연구하겠다는 내 노동의 가치를 인정해 주는 사람들이 있다. 속도가 느리고 그나마도 몸에 맞지 않는 일은 할 수 없는 나에게 적합한 일이 보이면 곧장 물어다 주는 선배와 동료 연구자들, 아직 잘 정제되지 않은 내 이야기를 풀어놓을 수 있는 자리에 초청해 주는 사람들이 있다. 그중에는 나에게 발표비나 원고료를 1.5배씩 줘야 공정한 거라고 주장하는 선배도 있다. 내가 역량을 발휘할 수 없는 환경 때문에 들여야 하는 시간과 에너지를 셈하자는 말이다. 그 선배가 꼭 잘돼서 나를 써 주기를 기대하고 있다.

내가 발 디딘 한국 사회는 말 몇 마디, 글 몇 줄에 순순히 대가를 지불하지 않는다. 그 몇 마디, 몇 줄에 어느 정도의 노동이 들어가는지 알려고도 하지 않는다. 그렇지만 그 안에서 글을 쓰고 말을 하는 사람들은 서로가 먹고살 수 있도록, 그래서 말하고 쓰기를 멈추지 않을 수 있도록 계속 어디선가 자원과 기회를 끌어온다. 프로젝트 팀을 꾸리고 학술대회를 기획하고 서로에게 글 독촉을 한다. 서로의 노동의 가치를 인정하고 거기에 대가를 지불하는 나름의 방식이다. 원하는 노동을 하며 먹고살 기회를 끊임없이 만들면서 한편으론 함께 골병이 들어 가지만, 서로가 주는 노동의 대가로 오늘도 조금 더 쓰면서 버틴다. 평등하게 어영부영 살 수 있는 세상을 만드는 길은 롤러코스터처럼 쉴 새가 없다. 어쩌겠나. 기왕 올라탔으니 즐기는 수밖에.

19. 서로 돌보는 동료 시민

의료

통증, 멈추지 않는 일상

결국 잠이 깨고 말았다. 골반에서 화로가 타는 듯하여 더 이상은 누워 있기가 힘들다. 시계를 보니 새벽 세 시 반이다. 아픈 몸들의 이야기가 담긴 책 『새벽 세 시의 몸들에게』(봄날의책)는 정말이지 기가 막힌 제목이다. 자기 직전에 챙겨 먹은 진통제의 약효는 내 몸을 살짝 스치고 재빠르게 소멸되었다. 위를 보호하기 위해 가장 약한 진통제만 처방하는 의사의 얼굴이 몽롱한 머릿속에서 둥둥 떠다닌다. 고개를 흔들어 어차피 부를 수도 없는 그 얼굴을 털어 버리고, 비척비척 일어나 파스를 찾는다.

슬금슬금 통증의 강도가 올라가기 시작하면, 처음엔 앉아 있기가 힘들어진다. 낮엔 큰맘 먹고 마련한 높이조절 책상을 이용해 앉았다

섰다를 반복하며 일을 한다. 앉을 수 있는 시간이 점점 짧아지다가 하루의 대부분을 서서 일하게 되는 날은 저녁이면 파김치가 된다. 통증이 수면 시간까지 침범하기 시작하면, 그런 날에도 씻고 먹고 일하고 수다 떠는 일상이 지속된다는 게 비현실적으로 여겨진다.

일상은 이 정도로 절대 멈추지 않는다. 주변 세계가 아픈 나를 고려해 멈출 리도 없고, 아프다고 내 생명이 일시정지하지도 않기 때문이다. 심지어 병원에 가서 죽는 소리를 해도, 의사의 어조 또한 지극히 일상적이다.

"검사 결과는 이상이 없어요. 그냥 근육통이에요."

'아무 이상 없음' '그냥 근육통.' 지겹도록 들은 말이다. 나의 일상생활을 처참하게 망가뜨리는 놈은 항상 '그냥 근육통'이다. 운동이 가장 좋은 방법이라지만 나의 움직임은 근육을 끊임없이 뭉치게 하고, 그러다 보면 어느새 혼자 다루기 힘들 정도의 통증이 찾아오기 일쑤다. 몸을 움직이면 자연스럽게 생기는 현상이니 예방할 방법도 없다. 통증이 심해지면 운동이든 침이든 주사든 온갖 방법을 동원해 뭉친 근육을 풀어 줄 뿐이다.

근육통은 웬만하면 나의 생명이나 신체 기능을 위협하지 않는다. 그러므로 통증의 시간은 나만 사력을 다해 버티어 내면 지나가는, 그저 평범한 순간일 뿐이다. 치료 몇 번 받고 시간이 흐르면, 언제 그랬냐는 듯 통증은 잦아들고 몸은 평온을 되찾는다. 하지만 통증이 통과해 간 내 몸과 마음은 무지막지한 마찰을 견디어 낸 것처럼 해지고 낡아 버린 느낌이다. '그냥' 통증은 평소에는 나를 콕콕 찌르며 가볍게

희롱하지만 1년에 한두 번씩은 꼭 그 엄청난 존재감을 과시하고, 그때마다 내 일상은 대지진이 난 것처럼 흔들린다.

한국에 사는 장애인 중에 나만큼 수월하게 건강을 관리할 수 있는 사람도 드물 것이다. 집 가까운 곳에 병원이 많은 번화가가 있고, 대학병원도 30분 거리에 있다. 장애가 아주 중증이 아니어서 일반 병원에서 치료받거나 검사받는 데 별다른 제약이 없으며, 스스로 운동하거나 요가학원에 등록하는 것도 가능하다. 이렇게 건강을 유지하기 괜찮은 조건의 나지만 1년에 한두 번씩은 꼭 삶의 질이 곤두박질하는 경험을 하고야 만다. 불의의 사고를 당해서도 아니고, 갑자기 이상한 증세가 나타나서도 아니다. 나도 가족도 의료진도 이미 다 아는 '단순한' 증상 때문이다. 그 증상은 언제나 곧 약해질 것이며 곧 다시 강해질 것이다. 제법 성실하게 몸 관리를 해 봐도, 통증은 명절에 고향 집을 찾듯 주기적으로 꼬박꼬박 나를 찾아온다.

책상과 의자의 형태, 업무 방식과 강도 등 비장애인에게 맞춰진 일상의 다양한 요소들은 표준에 부합하지 않는 나의 몸에 손상이나 통증을 유발한다. 그렇게 쌓이고 쌓여 한순간 폭발하는 통증은 일상을 통째로 집어삼킨다. 일상이 만들어 내는 무지막지한 통증으로부터 일상을 지키기 위해 병원으로 달려가면, 의료진은 이 방법 저 방법으로 통증을 달래 준다. 하지만 바뀌지 않는 나의 일상은 그들의 수고를 금방 무력화시킨다. 한국에서 내로라하는 의료진도, 최신 의료 장비도, 365일 24시간 지속되는 내 일상을 이길 방도는 없어 보인다.

그럼에도 병원에 가는 이유

유례없이 유능하다는 현대 의료도 평생 내 곁에 있을 통증 옆에서는 한없이 작고 소박해 보인다. 내가 모르는 효과적이고 새로운 치료법이 제시될 가능성은 거의 없다. 의사 앞에서 엄살의 강도를 높여 봐도 그에게도 뾰족한 수가 없다. 마음먹고 비싼 치료를 결제해도, 그렇게 비워진 통장이 복구되기 전에 통증부터 복귀하리란 것도 잘 안다. 그럼에도 나는 통증에 지칠 때마다 재활병원을 찾는다. 진통제가 필요해서만은 아니다. 그보다는 엉뚱하게도, 의료진의 끄덕임이 고파서다.

잠을 자지 못해 죽을 것 같다고, 이상한 감각이 느껴져 불안하다고, 아픈데 바쁘고 바쁜데 아프다고 내가 징징대면 주치의는 고개를 서너 번 끄덕인다. 이상하게도 그 작은 동작 하나에, 고통과 함께 보낸 나의 무지막지한 시간이 다 이해받았다고 느낀다. 끄덕임은 연민의 표시라기보다는 수긍과 이해의 표현이기 때문이다. 가만히 앉아 컴퓨터 작업을 하는 간호사의 뒷모습도 내게 위로를 보낸다. 무지막지한 통증이 지워 버리려고 한 나의 전인성이 인정받고 그것을 지키고자 아등바등했던 나의 노력이 존중받는다. 그 순간 반쯤 통증에 잠식당해 있던 나는 깨닫는다. 내가 기어코 병원에 와야 했던 진짜 이유가 무엇인지를.

재활병원이 속해 있는 대학병원 단지에는 유능하고 명석한 의료진들과 최첨단 의료 기기들이 모여 있다. 유독 재활병원만 이질적 공간인 듯, 그곳에서 내가 받는 치료는 예전과 크게 달라지지 않은 듯한 전통적이고 익숙한 치료법이다. 새롭게 개발되고 자본의 투자를 받는 의료 기술도 비장애인의 몸이 기준이므로, 사실상 최첨단 기기나 최첨단 기술에 능한 전문가들도 나에겐 별 소용이 없다. 그 대신 재활병원엔 병원을 방문하는 사람들이 장애와 통증으로 인한 다양한 문제와 대면하며 살아가고 있음을 알고 있는 의료진들이 있다. 그들은 내가 보내는 시간의 질이 비장애인과는 다름을 이해하고, 일상생활과 그 안에서의 기쁨을 유지하기 위해 내가 쏟아야 하는 정성을 어렴풋하게나마 알아준다.

내가 통증에 매몰당하지 않기 위해 벌이는 치열한 싸움을 기억하려 해 주는 그곳 전문가들의 노력이 없다면 어떨까? 최대한 내 선에서 통증을 해결해 보려다가 가는 재활병원이지만, 그곳에 가지 못하는 상상을 하면 가슴이 시려진다. 그곳이 없다면 매번 돌아오는 통증의 소용돌이 속에서 나를 지킬 힘을 유지하기가 몇 배로 힘들어질 것만 같다.

재활병원 사람들은 '극복'이나 '치료' 따위는 없는 뫼비우스의 띠 위를 한없이 걷는 기분을 어느 정도 알고 있는 듯하다. 장애인이나 만성질환자의 몸은 치료사나 의사가 영웅이 되지 못하도록 끊임없이 방해하지만, 그들은 매번 실패할 치료를 묵묵히 수행한다. 환자도 의료진도 지독한 반복 속에 허무주의에 빠지는 대신, 그 반복 위에서 일상을 꽃피우는 서로의 아름다움을 보는 법을 익혀 간다. 진이 빠지는 가파른 뫼비우스의 띠 위에서 서로를 탈출시킬 수는 없지만, 그 위에서 걷는 법을 서로에게 보여 준다. 때로는 느리게, 때로는 울면서, 때로는 신나게, 독특하게 한 발 한 발 삶을 만들어 갈 수 있다는 확신을 성실하고 무던한 삶으로 재확인해 준다.

좋은 삶을 위한 의료

의료인문학자 강신익은 만성질환 시대에 의사는 "절대적으로 믿고 따라야 할 권위라기보다는 돌봄 서비스의 한 축을 담당하는 기능적 존재"가 되었다고 말한다. 그들은 갈수록 더 지식을 환자의 몸에 적용하는 기술자와는 다른 역할을 기대받을 것이다. 강신익은 앞으로 의사들은 오히려 "의학적 지식과 앎과 환자의 몸을 연결하여 새로운 삶의 형식을 만들어 내도록 하는 중재자"가 되어야 한다고 제언한다.[27]

우리는 아플 때도 여전히 좋은 삶을 누려야 한다. 그것이 가능하려면 건강할 때와는 다른 '새로운 삶의 형식'을 만들어 내야 한다. 아픈 사람들은 체력이 약해져도 사회적으로 유의미한 존재로 남기 위한 전략을 짜고, 통증과 동거하면서도 가끔은 한없이 발랄할 수 있도록 하는 에너지의 자원을 물색한다. 아픈 몸으로도 우아하게 삶을 즐길 수 있는 '새로운 삶의 스타일'[28]을 찾고 스스로의 존엄과 행복을 지키기 위해 새로운 시도를 해 보는 일은 사치가 아니다. 오히려 때로는 이것이 가망 없는 치료법보다 아픈 이들에게 훨씬 더 절실하다.

길을 만들어 가는 주체는 의사가 아닌 아픈 사람이다. 장애나 질병과 함께 사는 삶에 필요한 각종 전략에는 의료인보다는 당사자들이 더 전문가다. 아프며 살아가는 삶, 없는 길을 만들어 가는 이 지난한 길에, 몸에 대해 잘 알면서 아픈 이들의 일상도 간과하지 않는 전문인은 분명 든든한 조력자와 지지자가 되어 줄 수 있다. 당사자들의 삶에 대해 무관심하고 아무 책임도 느끼지 않는 의료가 아픈 사람에게 얼마나 의미가 있을까?

의료인문학자이자 임상 의사이기도 한 에릭 카셀(Eric J. Cassell)은 책 『고통받는 환자와 인간에게서 멀어진 의사를 위하여』(들녘)에서, 환자들이 신체적 고통 때문에 병원을 찾는 것 같지만 반드시 그렇지만은 않다고 간파한다. 심장병이 있는 환자는 심장 기능의 명확한 이상 때문이 아니라 약 먹는 것을 잊어버렸기 때문에, 또는 숨이 막히는 증세로 인한 공포감 때문에 불안한 마음으로 병원을 찾는다.[29]

나도 마찬가지다. 근육통이 나를 죽이거나 신체 기능을 손상시킬 확률은 거의 없다는 사실을 알고 있지만, 통증의 감각이 내 몸을 짓누를 때면 숨을 쉬려고 병원에 간다. 약이나 치료보다 운동을 하는 게 내 몸에 더 좋다는 것도 알지만, 밤 아홉 시까지 일하다 집에 들어오면 운동할 에너지가 남아 있지 않다. 누군가는 일을 줄여야 하지 않냐고 묻겠지만, 생계와 자존감과 삶의 만족도를 지켜 주는 일을 포기하느니 통증을 견디는 쪽이 낫기에, 정기적으로 병원에 가서 약을 타 온다.

사실 진료실에서 내가 받는 것은 약보다 더 긴요한 것이다. 의사는 일이 많아서 힘들다는 내 말에 그저 고개를 끄덕거려 줌으로써, 생계를 책임져야 하는 생활인이자 사회적 역할을 감당하는 시민으로서의 나를 존중한다. 관절염이 있어도 나는 여전히 하고 싶은 게 많을 나이라는 것도 알아준다. 나는 아파도 꼭 일상을 유지하라고 당부해 주는 그의 말에서 건강 이외의 내 삶의 다양한 결 역시 소중하다는 확신을 재확인한다. 그의 말은 진통제를 먹더라도 하고 싶은 일을 놓지 않겠다는 내 의지의 외부적 근거가 되어 준다.

아픈 사람은 원하는 생활을 포기하고 건강 관리에만 집중해야 할까? 오랫동안 수없이 자문했지만, 진료실에서 일상이 존중받는 경험을 하면서부터 아플 때도 내 취향을 보존하는 기술을 당당하게 연마할 수 있었다. 매번 나를 회복시키는 건 약이나 치료보다도, 통증의 시간을 감당하는 나와 그 속에서도 지켜 온 내 취향을 존중받는 순간이다.

질문하는 의사, 답하는 환자

기쁠 때나 슬플 때나 통증이 언제나 나와 함께할 걸 알아채자, 단골 병원부터 잘 선택할 필요가 있겠다고 판단했다. 처음부터 명확한 기준을 가지고 병원을 찾았던 건 아니었지만, 결과적으로 나는 의사와 편안하게 대화할 수 있는 재활병원, 정형외과, 한의원에 안착했다. 모든 관계가 그렇듯 나를 신뢰해 주는 사람 앞에서는 편안해진다. 내가 고통을 과장하고 있다고 의심하거나 내 판단력을 무시하지 않는 의사 앞에서는 내 상황과 증상을 더 명확하게 말할 수 있었다. 흔히 치료 과정에서는 의사에 대한 환자의 신뢰와 환자가 신뢰할 수 있도록 하는 의사의 태도가 중요하다고 이야기되지만, 겪어 보니 오히려 그 역이 더 중요했다.

"어떻게 해 드릴까요? ○○ 치료를 받으시겠어요?"

내가 만나는 의사들은 처방을 하기 전에 먼저 질문한다. 질문을 던지고 대답을 기다리는 의사는 자신이 가진 어마어마한 양의 의학 지식을 유보하고 환자의 말과 결정을 존중한다. 상대를 신뢰하기로 선택한 사람의 태도다. 나에게는 어차피 끝나지 않을 고통을 약간이나마 줄이는 방법을 나열하며 내 삶에 침범하기보다, 내가 정말 필요로 하는 것을 궁금해하고 존중하는 주치의가 필요했다. 병원에 가기 전날 밤이면 내 대답을 기다릴 주치의를 생각하며, 지금 내게 정말 필요한 게 무엇인지 정리해 보곤 한다.

이런 경험이 있다. 비장애인들은 보통 걸을 때 뒤꿈치가 땅에 먼저 닿지만, 나와 같은 뇌성마비인들은 발끝이 먼저 닿고 까치발로 걷는 경우가 많다. 비장애인들은 신발 뒤축이 바닥과 마찰이 심하지만, 우리는 신발 앞쪽이 땅과 먼저 만난다. 보통 신발들은 뒤축을 앞부분보다 더 튼튼하게 만들기 때문에, 앞축은 생각보다 쉽게 해지고 금세 구멍이 뚫린다. 그러다 보니 나는 거의 서너 달에 한 번씩 새 신발을 사야 했다. 신발 값이 너무 많이 들어서, "신발 값만 모아도 전세 보증금이 나오겠다"라고 농담할 정도였다.

그렇게 30여 년을 살아왔는데, 하루는 발목이 시큰거려 주치의에게 말했더니 신발 뒤쪽에 넣는 작은 실리콘 패드를 처방해 주었다. 발을 디딜 때 충격을 완화해 주는 의료용품이었다. 패드를 넣고 다니자 발목 통증은 금세 사라졌다. 그런데 놀랍게도 통증만 사라진 게 아니었다. 신발에 구멍이 잘 나지 않았다. 신발을 바꾸는 주기가 3-4개월에서 7-8개월로 늘어난 것이다! 기뻤지만, 한편으로는 허무하기도 했다. 고작 이걸 몰라서 30년간 날린 돈이 아까웠다. 엄마는 오히려 화를 냈다.

"아니, 허구한 날 뇌성마비 진료하는 의사들이 뇌성마비인들이 까치발 드는 걸 모를 리가 없잖아. 어릴 때 진작 알려 줬으면 좋았잖아!"

진작 알려 줬으면 좋았겠지만, 아마도 의사들은 몰랐을 것이다. 뇌성마비인의 걸음걸이야 자다가도 기억날 정도로 많이 봤겠지만, 그 걸음걸이가 신발 앞축을 닳게 한다는 생각까지는 하기 어려웠을 것이다. 결국 의료를 통해 아픈 사람의 삶의 질이 향상되려면, 환자의 구체적인 삶과 일상이 진료실 안에서도 살아 있어야 한다. 그러기 위해서는 의사보다 말을 많이 하는 환자와 환자의 의견을 존중하는 의사가 필요하다. 이건 민주주의적 윤리나 존중의 문제이기도 하지만, 환자의 고통을 줄이고 삶의 질을 향상시키는 실제적이고 물리적인 필요이기도 하다.

의료진을 위한 기도

삶의 질을 높이는 시도는 사람이 사람으로 존재하기 위한 조건을 충족시켜야 하는, 매우 복잡하고 섬세한 과정이다. 존엄성을 지키는 데 무엇이 가장 우선인지는 쉽게 판단할 수 없으며, 어느 하나가 전부라고 말할 수도 없다. 생명과 신체의 건강은 가장 기본적인 요소 중 하나로 여겨지지만, 모두에게 1순위인 것은 아니며 그것으로 인생의 모든 문제가 해결되는 것은 더더욱 아니다.

인격을 존중받지 못하는 상황이 아픈 몸을 치료하는 순간에 벌어진다고 해서 모욕감이 느껴지지 않는 것은 아니다. 마찬가지로 연봉의 많고 적음과 상관없이 적절한 휴식을 취하지 못하는 것은 심각한 고통이다. 인생의 여러 요소 중 하나가 다른 것들을 대체하는 것은 불가능하거나, 설령 가능하더라도 삶의 질을 손상시킨다. 그 누구도 하나의 조건에만 매달려 살아갈 수 없고, 필요한 모든 조건을 홀로 충족시킬 수 있는 사람은 아무도 없다는 사실을 기억하는 것은 늘 중요하다.

특히, 나와 같이 표준과 다른 몸을 가진 사람들에게 평면적인 몸이 아닌 복잡다단한 인간으로 인정받는 것만큼 중요한 건 없다. 그곳이 병원이라 하더라도 말이다. 누군가를 존중한다는 것은 그가 가진 다중적인 정체성을 있는 그대로 인정하는 것이다. 내 앞의 사람이 기독교인이자 회사원이자 장애여성이자 누군가의 가족임을 모두 인정하는 것이다.

나는 이것이 환자와 의사의 관계에도 적용되어야 한다고 주장하고 싶다. 하지만 항상 과로와 무거운 책임에 시달리는 의사들에게 환자 인격의 다층적 스펙트럼을 다 존중하라고 할 수 있을까? 눈앞의 질병이라는 문제를 신속히 해결해야 하는 의사와 질병 너머의 존재를 어떻게든 존중받아야 하는 환자 사이의 잔인한 평행선을 어떻게 하면 조금이라도 가까워지게 할 수 있을까?

의사인 개인은 의사라는 정체성 외에도 다양한 정체성을 갖는다. 환자가 그런 것처럼 말이다. 당연한 말 같지만, 의료 노동자들에게는 그리 당연한 말이 아닐 수 있다. 이들은 아픈 사람이 생기면 시공간을 불문하고 자신의 직업적 역할에 돌입해야 하는 사람들이다. 심지어 주말에 편안하게 만나는 가족이나 친구에게도 건강 자문을 해 줘야 하는 경우가 있다! 그러니 마음 놓고 자신의 다른 정체성에 집중할 짬을 내기란 쉽지 않다.

나는 의료 노동자들이 직업 정체성 외에 자신의 다른 정체성에 깊이 잠겨 보는 시간이 많아지길 바란다. 자신의 전인성이 얼마나 다채롭고 섬세한지 묵상할수록 타인의 전인성에 민감해진다. 무엇보다 그 이전에, 그들에게도 스스로의 다양한 층위를 여유롭게 즐길 권리가 있다.

의료 노동자의 다중적인 정체성을 기억하는 것은 의료 노동자와 환자의 다층적인 '관계'를 인식하는 일이기도 하다. 나는 이따금 내가 만나는 의료진의 건강과 행복을 위해 기도한다. 거기에는 꿍꿍이가 숨어 있다. 그들을 위해 기도하면서 나는 그들이 나처럼 취약한 인간임을 기억하고, 나처럼 아프고 상처받는 존재임을 떠올린다. 그들이 나에게 의지하여 생계를 유지함을 상기한다. 그럼으로써 그들의 뜻 없는 말이나 표정에 일일이 상처받지 않도록 나를 지킨다. 더 나아가 상징적으로나마 그들과 나의 평등함과 상호의존성을 강화한다. 검은 속내로 하는 기도인 것이다.

하지만 나의 기도는 그들과 나 사이에 실재하는 상호의존성에 근거한 책임감에서 나오는 것이기도 하다. 나는 의사들의 말도 안 되게 적은 수면 시간에, 3차 병원이 감당하는 어마어마한 환자 수에, 치료사와 같이 의사가 아닌 의료 노동자의 불안정한 고용 환경에 책임감을 느낀다. 동료 시민인 의료 노동자가 인간적인 삶을 살 권리를 유보하는 상황이 계속되는 한, 우리 사회는 직무 유기를 하고 있는 것이다. 의료 노동자가 환자에 대해 책임을 지듯, 우리는 시민으로서 동료 시민인 의료 노동자들에 대해 책임이 있다. 그들의 노동 환경을 구축한 사회가 함께 힘을 합쳐야 한다.

서로의 필수 인력

의료 노동자와 의료 서비스 이용자의 관계를 서로의 필요를 채우는 동료 시민의 관계로 인식하는 관점은 서로를 존중하는 태도에 도움이 되는 것 이상으로 유용할 수도 있다. 상호 돌봄의 가치를 인정하는 태도는 전문가의 역할에만 초점을 두는 전문가주의의 맹점을 보완할 수 있다. 전문가주의는 복잡한 문제를 해결하는 데는 전문가의 전문적 지식이 가장 효율적이고 안전하다고 주장하지만, 소수의 전문가들이 모든 문제를 다 해결하려 할 때는 문제가 단순화될 위험이 생긴다. 눈앞의 문제를 소수의 사람들이 해결할 수 있는 문제로 만들어야 하기 때문이다.

문제를 축소하면 질병과 고통이 환자의 삶에 미치는 광범위한 영향은 최소한으로 작아지고, 환자의 삶의 맥락은 지워진다. 장시간 일할 때 통증을 최소화하기 위해 높이조절 책상을 구입하고 온갖 종류의 찜질법을 실험해 보고 내게 적합한 운동과 물건을 찾아내기까지 수많은 시행착오를 겪는 것은 오롯이 내 몫이었다. 병원 외에 내게 맞는 물품을 구할 수 있는 장애인 전용 쇼핑몰이나 서비스센터도 없었다. 그나마 30년 만에 병원에서 처방받은 한 가지가 신발 패드였는데, 사실 그것도 반쯤은 얻어걸린 셈이었다. 내 삶은 부분과 부분이 모두 연결되어 있는데, 전문가들의 전문성은 분절적이고 틈과 틈 사이는 늘 비어 있다.

그러나 내 필요에 더 개입하기에는 그들이 너무 착취당하고 있다. 환자 한 명을 겨우 3분가량 진료하는 의사들은 사실상 환자들의 삶에 대해 알 길이 없다. 30분 정도 되는 치료 시간 동안 두런두런 이야기를 나누는 치료사들이 그나마 환자의 사정에 밝겠지만, 그들은 화장실 갈 시간도 없이 일하다가 계약 기간을 채우고 나면 다른 직장으로 옮겨야 한다. (병원 밖에서 장애나 질병을 전문 분야로 다루는 사회복지사 등 다른 전문가는 만나 본 적도 없다.) 아픈 사람들은 때로 지푸라기라도 잡는 심정으로 병원에 가서, 정말 지푸라기 정도의 도움만 얻어 온다. 전문가들의 일상도 나의 일상도 억울했다. 거대한 자본주의 의료 시스템 속에서 치료사와 의사도, 서비스 이용자인 나도 무력하기만 하다. 그것도 모자라 우리는 서로에게서 너무 멀리 떨어져 있다. 그 모양새가 어찌나 처량하게 느껴지는지.

사실 우리는 서로가 사무치게 필요한 존재들이다. 얼마나 다행인지 모른다. 한쪽만 다른 쪽에 의존하는 형국에서는, 돌봄을 제공하는 사람이 돌봄을 제공받는 사람을 다 안다고 착각하기 쉽다. 그런 관계에서는 대화가 오갈 수 없다. 하지만 우리는 명사가 아니라 동사다. 우리는 각자의 독특함을 지키기 위한 독특한 필요를 지닌 개인들이며,

서로의 필요를 채우기 위해 움직일 수 있는 동료들이다.

필요의 종류와 경중은 사람마다 다르기 때문에, 크게나 작게나 필요를 채워 주는 사람은 모두 귀중한 필수 인력이 될 수 있다. 적어도 내게는 병원의 의료진만큼이나 페미니즘에 대한 책을 쓰는 여성학자, 유튜브에서 만나는 인디 가수가 없어서는 안 될 필수 인력이다. 동증에 시달리는 밤이 다 지날 때까지 나를 끝까지 지켜 주는 것은 인디 가수의 노래고, 내가 들은 모욕적인 말을 튕겨 내 버리고 자존감을 지킬 수 있게 해 주는 것은 페미니즘이다. 그들의 노래나 책 없이 이 차별적인 세상과 버거운 인생을 어떻게 단 하루라도 견딜 수 있단 말인가.

더 중요하게는, 직업을 불문하고 나와 같이 다양한 필요를 지닌 사람들은 모두 섬세하게 돌봄받아야 할 나의 동료 시민이다. 의사와 여성학자와 인디 가수는 기묘하게 서로를 살릴 수 있다. 의사는 연구실에 열 시간씩 앉아 있는 여성학자를, 여성학자는 가사를 써야 하는 인디 가수를, 인디 가수는 환자에게 치이고 선임에게 혼나는 의사를 살린다. 의사는 환자의 삶을 풍요롭게 하고, 환자는 의사의 일상을 만들어 준다. 또 누가 알겠는가. 푸념만 잔뜩 늘어놓는 이 작은 책도 우연히 누군가를 살리게 될지.

삶에 필요한 것들이 다양함을 인정하고 그 필요가 서로를 통해 채워짐을 기억할 때, 우리는 서로를 더 존중할 수 있다. 나는 자유롭게 움직이고 생각하고 느낄 여유를 박탈해 버린 한국의 의료 시스템 속에서도, 한없이 울퉁불퉁한 내 인격 자체에 고개를 끄덕여 주는 사람들을 만났다. 나는 시민으로서 내 인간됨에 공감해 주는 동료 시민들이 지금보다 덜 과로하고 더 인간적인 환경에서 일할 수 있도록, 더 평등한 문화 속에서 일하게 되기를 계속 지켜보고 의견을 낼 것이다. 시민들의 인간됨의 다양한 결이 존중받는 사회 시스템을 끊임없이 새롭게 상상할 것이다. 눈코 뜰 새 없이 바쁘고 아픈 와중에도, 우리가 열심히 살아가는 시간이 부디 서로의 인간됨을 지켜 줄 수 있기를 기도한다.

20. 질병
우리 함께 아플까요?

질병과 함께 춤을 추고 싶은 여성들

서너 명이 둘러앉은 큰 테이블 앞에서 한 사람이 열심히 말을 하고 있다. 칠판에 뭔가 쓰기도 한다. 그런데 큰 테이블 가운데 누군가 누워 있다. 팔베개를 한 채로 나름 발표에 귀를 기울이는 것 같더니 어느새 새근새근 잠들어 버린다. 발표자는 아랑곳없이 하던 얘기를 계속하고, 아무도 평정심을 잃지 않은 채 모임은 계속 진행된다. 내가 4년째 함께하고 있는 아픈 여성들의 수다 모임인 '질병과 함께 춤을'(이하 '질병춤') 모임의 풍경이다.

 내 삶에서 큰 비중을 차지하기 시작한 통증이란 녀석을 어떻게 맞이해야 하나 갈팡질팡하고 있을 때, SNS에서 '질병과 함께 춤을'이라는 생경한 문구가 새겨진 발랄한 디자인의 포스터를 발견했다. 여성주의 저널 「일다」에서 진행하는 시민 강좌 "하늘을 나는 교실"의 한 강좌 제목이었다. 부담스럽지 않은 네 차례의 강좌였는데, 소개글에 '아픈 몸과 함께 어떻게 살아갈지를 모색하고 있는 사람'을 초대한다고 쓰여 있었다. 더도 덜도 아니고 딱 내가 배우고 싶은 것이었다.

여성 운동, 장애인 운동, 팔레스타인 평화 운동 등 각종 시민운동에 참여해 온 활동가 조한진희(반다)는 어느 날부터 몸 여기저기가 아프기 시작했다. 병원에 다니고 아픈 몸으로 일상을 건사하는 동안, 그는 자신이 겪는 새로운 고통과 경험을 표현하기가 어렵다는 것을 발견했다. 한국 사회에 아픈 사람이 빚어낸 언어는 거의 찾아볼 수 없었기에, 아픈 사람들은 자신의 경험을 스스로 해석할 수도 타인에게 들려줄 수도 없었다.

조한진희는 아픈 몸들에게 무엇보다 언어가 필요하다고 느꼈다. 그래서 치료를 받고 자기 몸을 돌본 경험을 칼럼으로 연재하고 '질병과 함께 춤을' 강좌를 열었다. '질병인'의 언어를 만들고 모으고 유통시킬 작정이었다. 당시의 나 또한 내 경험을 설명할 언어를 찾고 있었고, 더 나아가 아픈 몸으로도 기꺼이 춤을 추며 살고 싶다는 생각을 하고 있었다. 내 속에 있는 말을 대신 해 주는 포스터를 보고 흥분된 마음으로 수강신청 메일을 보냈다.

서너 명이 모인 소규모 강좌에서 우리는 질병을 경험한다는 것이 무엇인지 이야기하고, 아픈 사람도 구성원으로 충분한 권리를 누리고 충분히 참여할 수 있는 사회를 상상했다. 아픈 사람은 늘 죄인처럼 미안해해야 하는 사회 말고, 질병을 자연스러운 삶의 조건으로 수용하고 아픈 사람도 당당할 수 있는 사회를 꿈꾸었다. 모든 사람은 언젠가 아프기 마련이기에, 그것은 사실 모두를 위한 꿈이었다.

질병춤 수업은 그동안 아무도 쉽사리 입 밖으로 꺼내지 못했던 질병 세계의 언어가 내 눈앞에 펼쳐지는 놀라운 시간이었다. 하지만 새로운 세계에 금세 빠져든 내게 네 번의 만남은 너무 짧았다. 질병과 장애에 관한 (주로 영어로 된) 책과 SNS 계정을 찾아보며 아쉬움을 달래고 있는데, 1년쯤 후에 새로운 모임으로 나를 초대하는 한 통의 연락이 왔다. 조한진희 선생님이었다.

누구나 크게든 작게든 아프며 살아가는데, 이 세상은 늘 건강한 사람만을 표준으로 상정한다. 학교와 직장부터 사회의 온갖 영역이 사실상 존재하지 않는 '완벽하게 건강한 사람'에게 맞춰져 있고, 아픈 사람들에게 허락되는 건 고가의 영양제와 주변의 잔소리뿐이다. 전문가가 아닌 아픈 사람들의 언어로 우리의 몸과 질병과 삶, 그리고 질병을 둘러싼 한국 사회의 여러 제도나 인식에 대한 이야기를 할 필요가 있었다. 그렇게 2018년 초 젠더, 장애, 민족, 계급, 종 차별(동물권) 등 다양한 차별에 대해 고민하는 '다른몸들'이라는 연대체 산하에 아픈 여성들의 모임인 '질병과 함께 춤을'이 새로 만들어졌다.

서로의 몸과 시간을 듣다

모임에 초대받았을 때, 사람들이 쏟아낼 고통의 이야기들을 내가 감당할 수 있을지 걱정이 되어 살짝 망설였다. 하지만 고민을 시작하는 순간 이미 발걸음이 그곳으로 향하고 있었다. 그곳은 아픈 여성들의 모임, 몸과 마음이 가난하고 슬픈 사람들의 이야기가 있는 자리, 곧 복의 자리였다. 한 번도 말해지지 않은 고통이 말이 되어 나오는 시간, 새로운 언어로 역사가 쓰이는 시간이었다. 이런 설레는 초대를 뿌리치는 바보가 되고 싶진 않았다.

현실적인 걱정도 있었다. 곧 박사 입학을 앞둔 시점이었기 때문이다. 느린 작업 속도에 통증까지 겸비한 나로서는 박사생의 일정 외에 정기적인 모임을 참여한다는 것 자체가 큰 부담이었다. 이런 고민을 털어놓자, 에너지가 없거나 아프면 당당하게 모임에 빠져도 되니까 일단 나오라는 말이 돌아왔다. 그 말을 믿고 덥석 첫 모임에 나갔다.

아픈 사람들은 일정을 잡았다가도 갑자기 몸 상태가 나빠질 수 있고, 두세 달에 한 번은 여러 병원을 돌아다니는 데 하루를 온전히 써야 하며, 몇 개의 스케줄을 동시에 소화할 에너지를 낼 수도 없다. 우리는 그런 몸을 가진 서로를 존중하는 모임을 만들어 보기로 했다. 그래서 모임 때마다 몸이 안 좋거나 병원 가느라 못 온다는 사람이 꼭 있지만, 누구도 섭섭해하거나 참석을 압박하지 않았다. 모임 중에는 최대한 본인에게 편안한 자세를 취해서, 허리가 아프면 서 있거나 걸어 다녀도 좋고 피곤하면 눕거나 엎드려도 상관하지 않았다. 정해진 시간이 되면 발표를 듣다가도 약을 챙겨 먹었다.

내게 통증이 생긴 이후 직장이든 대학원이든 사회생활에서 가장 걱정스러웠던 부분은 한 자세로 오래 버티기 어렵다는 점이었다. 허리 상태가 좋지 않을 때는 10분 이상 앉아 있기가 힘들었고, 그나마 서 있는 것이 좀 나았지만 허리와 발목을 자주 움직여 주지 않으면 통증이 심해졌다. 질병춤 모임에서는 내가 테이블 위에 누워 수시로 자세를 바꿔 가며 이야기를 들어도 불편하게 여기는 사람이 아무도 없었다. 자유롭게 움직이며 모임에 참여할 수 있으니, 통증이 줄고 긴장도가 낮아져 오히려 집중이 더 잘 되었다.

문득 학술대회와 각종 회의에서도 책상 위에 누워서 토론을 할 수 있다면 어떨까 상상해 보았다. 그러자 가만히 앉아서 말만 역동적으로 하는 풍경이 불현듯 더 부자연스럽게 느껴져 피식 웃었다. 당연했던 일상이 말도 안 되게 뻣뻣하고 비효율적으로 보이는 순간이었다.

우리는 각자 최대한 편안한 자세로 서로의 질병 서사에 귀 기울였다. 앉아 있기조차 힘든 상황에서도 치질이란 질병이 웃음거리로 여겨지는 사회 분위기 때문에 병원에 가기 어려웠던 다리아 선생님[30]과, 망상과 환청이라는 증상보다 조현병에 대한 낙인 때문에 오랫동안 외로워야 했던 박목우 선생님의 이야기를 들었다. 변형된 몸의 구조 때문에 앉은 채 몸을 반으로 접어 잠을 청하는 모르 선생님이 밤마다 꿀 꿈을 상상해 보고, 류머티즘으로 온몸의 관절에 통증을 느끼는 이혜정 선생님의 하루에 우리의 호흡을 맞추어 보았다.

처음엔 이야기를 듣는 것만으로도 고통스러웠다. 하지만 어느새 우리는 서로의 이야기 속에서 공통적인 경험을 찾아 맞장구를 치고, 서로의 일상에 감정이입하고 있었다. 이런저런 증상이 있지만 뚜렷한 진단명 하나 찾기 어려운 조한진희 선생님이 의사와 나눈 이야기를 듣고는 저마다 진료실에서 나눈 대화 한 토막씩을 떠올렸다. 통증 때문에 잠 못 이루는 밤은 모두에게 낯설지 않았다.

우리의 수다는 전문가나 다른 사람이 아닌 스스로가 자신의 질병 경험에 내러티브와 의미를 부여하는 작업이었다. 전문가들의 언어에서 질병이 '다뤄야 할 대상'이라면, 아픈 몸들의 언어에서 질병은 무엇보다 '살아 내야 할 시간'이었다. 시간은 멈추지 않고 늘 우리와 함께 간다. 시간을 버린다는 것은 곧 존재 자체를 버리는 것이기에, 그것으로부터 좀처럼 도망칠 수가 없다. 아프며 노동하고 아프며 집과 가족을 돌보고, 통증에 잠들지 못하면서도 낮이 돌아오면 무언가에 집중하고 무언가를 해내야 한다. 그 지독한 '질병의 시간성'에 처음엔 그저 아득해질 뿐이었다. 하지만 서로의 이야기를 듣는 가운데, 우리의 시간 속에는 결코 질병과 통증만 있지 않다는 것이 점점 분명해졌다.

사람들이 '견딜 수 없는 고통' '상상할 수 없는 아픔' 등으로 간단하게 표현해 버리는 그것은 우리의 존재를 구성하는 일상이었다. 하지만 고통이 우리를 단번에 설명할 수 있는 키워드이거나 우리의 일상 전부는 절대 아니었다. 우리 몸은 '통증의 숙주'이면서, 동시에 귤의 새콤함과 햇살의 따뜻함을 느끼는 몸이기도 했다.[31] 우리는 몸이 나날이 변해도 여전히 노동자의 지위를 갈망하는 사람들이며, 통증에 가끔 정신이 혼미해져도 그 현실을 설명하고 거기에 대처하는 방식은 스스로 정해야 한다고 생각하는 여성들이었다.[32] 아프다는 이유로 우리의 여러 욕망을 감출 마음 따위는 전혀 없었으며, 다른 사람들 또한 그러지 않아야 한다고 믿었다.

우리는 격주로 모여 아픔의 수다를 떨었다. 숨겨야 할 것만 같았던 이야기, 듣기 싫은 엄살로 치부되던 이야기들을 가감 없이 쏟아냈다. 감정 카드도 활용해 보고, 큰 도화지에 몸을 그려 놓고 부위마다 말을 건네 보기도 했다. 건강할 권리와 방법에 대해서는 날마다 수많은 기사들이 쏟아져 나오므로, 우리는 '잘 아플 권리'를 선언하는 "아픈 몸 선언문"을 만들었다.[33] 어차피 모두가 아프다면, 건강한 사람이 아닌 아픈 사람이 기본 값인 사회가 되기를 바라는 마음이었다.

아픈 사람들이 일을 내다

본업이 바빠서, 컨디션이 바닥이어서, 병원 투어를 해야 해서…. 모임에 빠질 수밖에 없는 이유가 넘쳐 나는 사람들이 무슨 일을 성사시킬 수 있을까? 신기하게도 우리는 사부작사부작 일을 내기 시작했다. 사람들을 모으고 우리에게 '질병권'(잘 아플 권리)을 소개했던 조한진희 선생님은 그동안 기고했던 글들을 모아 『아파도 미안하지 않습니다』 (동녘)란 책을 냈다. 아프면서 고민하고 공부한, '잘 아플 수 있는 사회'에 대한 꿈을 담은 책이었다.

책은 많은 사람들의 환영을 받았다. 당연한 일이었다. 그동안 아픈 사람들은 민망해하며 조용히 있어야 할 존재로 여겨지기 일쑤였지만, 사실은 모두가 여기저기 아팠으니까. 우리는 잦은 야근과 회식을 겪으면 당연히 망가지는 몸을 가지고 있는데, 건강을 잃으면 자기 관리를 못했다는 말을 들어야 하는 사회에 살고 있다. 매일 밤 열 시까지 일을 하면서 왜 유기농 식단을 챙기지 못하고 헬스장에 다니지 못하는지 죄책감이 들고, 책상 위에 약통이라도 보이면 아픈 것을 티 내는 것 같아 눈치가 보인다.『아파도 미안하지 않습니다』는 아플 때 미안해야 하는 건 개인이 아니며, 오히려 아픈 몸을 기본 값으로 하는 사회를 만들어야 한다고 모두에게 말해 주었다.

아픈 몸이 사회의 기본 값이 되기 위해서는 아픈 몸이 어떻게 살고 어떻게 느끼는지, 무엇을 바라는지 모두가 알아야 한다. 그러려면 아픈 사람들의 이야기가 많이 돌아다녀야 한다. 모임에서는 우리가 수다 떨었던 내용을 널리 알리기로 하고 매체에 글을 연재하기 시작했다.

당시 대학원 수업만으로 허덕이던 나는 모임에 드문드문 나가고 연재에도 참여하지 않았다. 그저 시간이 되는 날 가서 글 합평에만 참여했다. 다른 모임이었다면 섭섭하다는 소리를 듣고 어색하게 빠져나와야 했겠지만, 질병춤 멤버들은 내게 깍두기로 있어도 괜찮다고 했다. 나는 정말 아무것도 하지 않으면서도 동료들이 만들어 가는 흥미진진한 일을 바로 옆에서 지켜볼 수 있었다. 내 이름으로 된 글 한 편 나오지 않았지만, 모임 사람들은 나도 아픈 사람의 말을 쌓아 가는 작업에 함께하는 사람이라고 말해 주었다.

그렇게 쌓인 동료들의 글은 2021년 8월에 모임의 이름이기도 한『질병과 함께 춤을』(푸른숲)이라는 책으로 세상에 나왔다. 아픈 몸으로 살아가는 네 명의 여성들의 이야기가 담긴 예쁜 주홍색 책이었다. 그 책은 아픈 우리가 세상에 보내는 편지이자, 함께 아프자는, 함께 '잘' 아플 수 있는 사회를 만들자는 초대장이었다.

질병춤 사람들은 일이 있고 일상이 있는 아픈 여성들이다. 아픈 몸으로 삶을 책임지면서 책 집필이라는 번외 작업까지 하기는 쉬운 일이 아니었다. 무엇보다 지금까지 금기시되어 온 아픈 이야기를 세상에 내놓는 일에는 큰 용기가 필요했다. 처음에 나는 이 글들을 빌미로 누군가 공격을 한다면 그들이 치명상을 입겠다 싶어 내심 걱정했다. 하지만 그들의 글을 읽으면서 깨달았다. 예민한 몸과 다양한 권리에 대한 섬세한 마음을 지키고 보듬어 온 이들은, 취약한 만큼 단단한 사람이라는 걸.

우리는 여전히 격주마다 만나 엄살을 떤다. 통증은 너무 심하고, 의사는 우리의 상황을 이해하지 못하며, 이 사회는 우리가 무쇠 팔 무쇠 다리를 가지고 있는 줄 안다고. 일을 계속하고 싶지만, 지금의 일은 우리의 몸을 존중하지 않고 장거리 출퇴근은 몸을 망가뜨린다고. 이는 모두에게 필요한 엄살이다. 건강한 사람들에겐 귀찮게 들릴 수 있지만, 사실 엄살도 아무나 떠는 게 아니다. 오히려 엄살이야말로 세상을 바꿔 온 동력이다. 일상의 불편을 말없이 감수하는 대신 소통의 어려움을 감수하며 기꺼이 발화해 온 수많은 엄살쟁이들이 없었다면, 이 세상의 많은 기술과 발명품들은 만들어지지 않았을 것이다.

질병춤 회원들이 책을 쓰는 동안 나도 뒤늦게 이 책을 썼다. 다른 두 권의 책이지만 서로의 글을 읽어 주며 함께한 작업이다. 내일 우리의 몸 상태가 어떻게 달라질지 모르는 것처럼, 이다음에 우리가 무엇을 할지도 정해진 게 없다. 아마도 그저 서로의 몸을 존중하면서 천천히 걷고 수다 떨다가, 세상과 만나고 싶으면 또 소박한 무언가를 빼꼼 내놓지 않을까?

나가며
오늘도 소란스럽게 당신과 함께

책 『질병과 함께 춤을』에서 네 명의 저자가 입을 모아 하는 말이 있다. 아픈 몸으로 살면서도 오랫동안 그 경험을 입 밖으로 꺼내 보지 못했다는 것이다. 아픈 몸의 이야기를 결코 환영하지 않는 사회에 용기 내어 말을 던지게 된 까닭으로, 그들은 우리 사회가 아픈 사람들이 자유롭게 말할 수 있는 곳이 되었으면 하는 마음을 들었다. 그 책은 아픔의 경험과 아픈 몸으로 사는 마음을 속 시원히 털어놓는 자리로의 모두를 향한 초대였다.

청소년기에 나는 아무리 생각해도 내가 겪을 필요가 없는 수치와 외로움을 경험하고 있다고 생각했지만, 어떻게 상황을 바로잡을 수 있을지 알지 못했다. 다만 어른이 되면 글을 써야겠다고 결심했다. 내 경험을 들은 어른들이 장애인 청소년들을 조금은 더 존중하게 되면 좋겠다고 생각했다. 항상 이야기 듣기를 좋아한 건 이야기의 힘을 믿어서

였나 보다.

 10대 때부터 쓰고 싶었던 글을 30대가 되어서야 쓰기 시작했다. 내게는 말을 꺼내야 하는 이유보다 말을 줄여야 하는 이유가 항상 더 많았다. 장애가 아주 심하지 않았고, 부잣집에서 태어나진 않았지만 부모님은 항상 나를 지원해 줄 준비가 되어 있었다. 서울이라는 대도시에 살아서 아프면 언제든 원하는 병원에 갈 수 있었고, 어쩌다 보니 평균 이상의 학력도 갖추었다. 하지만 내가 속한 자리에서 나는 대부분 그 집단의 유일한 장애인이었다. 비장애인들과 함께 생활하는 장애인의 경험과 감정을 말해 줄, 나보다 '불행한' 누군가는 많지 않았다.

 나의 친구들은 나보다 중증이고 나보다 기회가 적고 나보다 더 겹겹의 소수자 정체성을 가진 누군가를 기다리는 머뭇거림과, 내가 받은 것들에 감사해야 한다며 내 입을 막는 말들이 혐오의 시작임을 알려 주었다. 개인을 구성하는 여러 겹의 정체성들은 여러 가지 상황과 만나, 때로는 우리를 기득권으로, 때로는 우리를 소수자로, 대부분의 경우엔 그저 하루하루를 살아가는 일상인으로 만든다. 모두가 장애인이거나 모두가 소수자라는 말이 가진 위험성에도 불구하고, 나의 복합적인 위치를 성찰하기를 포기하지 않는 것이 평등한 행복을 추구할 수 있는 하나의 길인 것 같았다. 수없이 머뭇거리면서도 끝내 이 책을 쓰고 싶었던 이유는, 내가 스쳤던 '운 좋은' 친구들에 대한 그리움 때문이었다. 나처럼 경증이어서, 비장애인들 사이에서 지낼 수 있는 자원이 있어서, 일이 바쁘거나 나서지 않는 성격이어서, 혹은 다른 이유로 어딘가에서 조용히 지내고 있을 친구들. 가끔씩은 지독히 외로워서, 나는 기억을 더듬어 내가 만난 그들의 이름을 불러 보곤 했다. 그들이 이 책을 읽을지는 알 수 없지만, 그러니까 이 책은 처음 큰 소리로 표현하는 나의 오래고 은밀한 그리움이기도 하다.

이 글은 같이 공부하는 동료들과 함께 교회를 다니는 교우들, 질병춤 회원과 다른 친구들의 단단한 지지와 세심한 코멘트로 꼴을 갖추어 갔다. 특히 많은 흠에도 불구하고 결국 좀더, 좀더 고쳐서 끝을 보게 해 준 건 질병춤 멤버의 한마디였다.

"옆 사람들이 보인다."

내 이야기고 장애 당사자의 관점을 담은 글이지만, 내 옆에서 항상 나를 지탱해 준 사람들, 곧 장애인 동료들과 나만큼 좌충우돌했을 비장애인 가족과 동료 시민들이 보이는 글이라는 말이 이 글을 굳이 책으로 만들어 보고 싶게 했다.

한없이 섬세하고 지켜야 할 것은 끝까지 포기하지 않는 사람들과 함께 걸어왔다. 섬세함과 한결같음은 지독한 수고로만 간신히 유지된다. 그 지독한 수고로 내 곁이 되어 준 수많은 사람들이 내 시간, 곧 나의 이야기를 만들고 지탱해 준다. 그래서 나는 몇 문장으로는 도저히 감사의 말을 마칠 수가 없다. 앞으로도 지독히 소란스럽게 항상 옆에 있겠다는 짓궂은 약속을 할 뿐이다.

그럼에도 매번 알 수 없는 길만 선택하는 나를 또 한 번 믿어 보기로 매일 결정해 주는 엄마와 동생, 지칠 때마다 항상 달려갈 수 있는 품이 되어 주신 할머니와 얼마 전 하늘 여행을 떠나신 그리운 할아버지가 이 글의 숨은 저자였음은 밝히고 싶다. 내가 매번 기어이 제일 재미있고 의미 있어 보이는 길만 따라갈 수 있었던 건 한결같이 내 옆에 있어 주는 이들 덕분이었다. 무엇보다 나와 내 뒷배들의 든든한 뒷배이신 분께 사랑한다고 말하고 싶다.

언제든 울 수 있는 나의 눈물 수건이 되어 주고, 나를 눈물 수건으로 써 주기도 하는 친구들에게도 하트를 날린다. 권력이 없는 무리, 수가 적은 무리의 소리와 삶이 모두가 귀 기울일 이야기와 공동의 문화가 되기를 소망하는 나의 모든 곁들에게도 존경과 감사의 인사를 전한다.

주

1 1981년 국내 최초의 장애인 복지법인 "심신장애자복지법"이 제정되었고, 이듬해 이 법의 시행 기준이 되는 "장애인등급기준"이 발표되었다. 이후 장애인 복지 서비스는 장애의 중증도를 1-6급까지 6개 등급으로 분류한 이 기준에 맞추어 제공되었다. 이렇게 시작된 장애등급제는 장애인 개인의 다양한 필요를 간과한 채, 의료적 기준과 서비스 제공자의 편의만을 고려한 경직된 제도라는 비판을 받았다. 2010년 보건복지부가 복지서비스를 신청하는 장애인들의 등급 재심사를 의무화하면서 등급 하락으로 서비스를 받지 못하게 되는 장애인들이 늘어났다. 이에 장애계는 2012년부터 장애등급제와 부양의무제 폐지를 주장하며 광화문 농성을 시작했다. 2017년 8월까지 5년간 이어진 이 농성은 보건복지부 장관 박능후의 장애등급제 폐지 약속으로 마무리되었다. 2019년 여름부터 장애등급제의 점진적 폐지가 시작되었지만, 수요자 중심의 복지서비스가 형성되기까지는 아직 많은 과제가 남아 있다. 강혜민, "이제 장애계는 등급제 폐지 이전과 이후의 역사로 기록될 것", 「비마이너」, 2019.06.20, http://www.beminor.com/news/

articleView.html?idxno=13547.
2   이정은 외, 『공공어린이재활병원이 시작이다』(마인드북스, 2020), p. 98.
3   The Institutes for the Achievement of Human Potential, *Our History*, https://iahp.org/history-of-the-institutes/.
4   American Academy of Pediatrics Committee on Children With Disabilities, The Treatment of Neurologically Impaired Children Using Patterning, *PEDIATRICS* Vol. 104, No. 4, 1999, pp. 1149-1151.
5   대학알리미 공시자료, "2021 장애학생지원체제 구축 및 운영 현황(대학)", https://www.academyinfo.go.kr/uipnh/unt/unmcom/RdViewer.do.
6   위르겐 몰트만, 정종훈 옮김, 『하나님 나라의 지평 안에 있는 사회 선교』(대한기독교서회, 2000), p. 93.
7   미로슬라브 볼프, 백지윤 옮김, 『일과 성령』(IVP, 2019), 4장.
8   김원영, 『실격당한 자들을 위한 변론』(사계절, 2018), pp. 124-125.
9   문영민·박은영·전지혜, "노동시장 내 지체 및 뇌병변 장애여성의 건강변화 인식과 대처 전략에 관한 연구", 『여성연구』 101권 2호(2019).
10 앞의 글.
11 옮긴이는 '배려로서의 사랑'이라고 번역했지만, 평등성을 강조하는 돌봄 이론 등을 참조하여 '돌봄'(caring)이라는 용어로 대체했다.
12 니콜라스 월터스토프, 홍종락 옮김, 『사랑과 정의』(IVP, 2017), p. 186.
13 위르겐 몰트만, 앞의 책, pp. 25-26.
14 김상희, "나도 이제 조용한 외출을 하고 싶다", 『공감』 6호(장애여성공감, 2003), p. 7.
15 박은영, "장애인 청년, 새로운 돌봄 관계로 들어가다", 「[돌봄민주주의×페미니즘] 2021 연속기획 "청년 돌봄, 더 잘 돌볼 권리를 찾아서"」(젠더정치연구소 여.세.연, 2021) 2강 원고를 수정·보완했다.

16 톰 셰익스피어, 이지수 옮김, 『장애학의 쟁점』(학지사, 2013), pp. 28-31.

17 이익섭·신은경, "장애 정체성 개념화 연구-포커스 그룹 면접과 심층면접을 중심으로", 『한국심리학회지: 건강』 10권 4호(한국심리학회, 2005), p. 512; 문영민, 『공연예술 활동을 통한 신체장애인의 장애정체성 변화 과정 연구』(서울대학교 석사학위논문, 2017), p. 7.

18 문영민(2017), p. 11.

19 김원영, 앞의 책, p. 144.

20 이익섭·신은경, 앞의 글; 문영민, 앞의 글.

21 김초엽, "세계를 재설계하는 사이보그", 『사이보그가 되다』(사계절, 2021), pp. 211-212.

22 김도현, 『장애학의 도전』(오월의봄, 2019), pp. 374-375.

23 앞의 책, p. 376.

24 다음의 권리중심 공공일자리에 대한 설명은 유기훈, "권리중심 공공일자리, 노동(불)가능한 몸을 넘어", 「비마이너」, 2021.01.09; 박임당, "권리중심 공공일자리, 너무나도 뜨거운: 2020 서울형권리중심의중증장애인맞춤형공공일자리 시범사업의 현장에서", 『노들바람View』 125호(2020) 등을 참조했다.

25 박임당, 앞의 글.

26 정창조, "중증장애인권리중심공공일자리, 노동의 패러다임을 바꾸다: '재활'과 '정상화'를 넘어 '권리생산노동으로", 「권리중심 공공일자리'란 무엇인가?: 기존 장애인 노동정책의 패러다임을 넘어 새로운 노동 개념의 정립으로」(노들장애학궁리소, 2020); 정동은, "권리중심 공공일자리 어떻게 진행되고 있나?", 「권리중심 공공일자리'란 무엇인가?: 기존 장애인 노동정책의 패러다임을 넘어 새로운 노동 개념의 정립으로」(노들장애학궁리소, 2020).

27 강신익, "비판적 의료인문학과 거꾸로 의학교육", 『의철학연구』 25호(한국의철학회, 2018), pp. 91, 100-101.

28 전희경, "젊고 아픈 사람의 시간", 생애문화연구소 옥희살롱 기획, 메이 엮음, 『새벽 세 시의 몸들에게』(봄날의책, 2020), p. 200.

29 에릭 J. 카셀, 강신익 옮김, 『고통받는 환자와 인간에게서 멀어진 의사를 위하여』 (들녘, 2002), p. 475.

30 장애를 가진 여성들은 '선생님'이라는 존중의 표현을 잘 듣지 못한다. 대개의 아픈 사람들도 존중받기보다는 잔소리의 대상이 되어 왔기 때문에, 질병춤 모임에서는 장애와 질병을 가지고 이 사회를 살아가는 서로를 존중하기 위해 서로에게 '선생님'이라는 호칭을 사용한다.

31 [같이 잇는 가치] "잇터뷰"_조한진희 작가편, 「스팍TV」, 2021.09.18, https://www.youtube.com/watch?v=JYvETYyNSPM.

32 다리아·모르·박목우·이혜정, 다른몸들 기획, 조한진희 엮음, 『질병과 함께 춤을』 (푸른숲, 2021).

33 "아픈 몸 선언문"은 『질병과 함께 춤을』에 실렸고, 다음에서도 확인할 수 있다. "아픈 몸 선언문", 「비마이너」, 2021.01.21, https://www.beminor.com/news/articleView.html?idxno=20635.

소란스러운 동거

초판 발행_ 2022년 4월 18일
초판 2쇄_ 2022년 5월 12일

지은이_ 박은영
펴낸이_ 정모세

펴낸곳_ 한국기독학생회출판부
등록번호_ 제2001-000198호(1978.6.1)
주소_ 04031 서울시 마포구 동교로 156-10
대표 전화_ (02)337-2257   팩스_ (02)337-2258
영업 전화_ (02)338-2282   팩스_ 080-915-1515
홈페이지_ http://www.ivp.co.kr   이메일_ ivp@ivp.co.kr
ISBN 978-89-328-1925-9

ⓒ 박은영 2022

책값은 뒤표지에 있습니다.
무단 전재와 복제를 금합니다.